Cologne's G♡t Style

Lena Terlutter & Henriette Frädrich

BUCHGESTALTUNG & COVERFOTO **BINA TERRÉ**

INHALTSVERZEICHNIS

6 **Einleitung**

12 Die Autorinnen
Lena Terlutter

14 Die Autorinnen
Henriette Frädrich

16 **Kölner Style**

22 Interview
Apropos

28 **Fashion Quotes**

30 Interview
Jessica Weiss

34 **Shopping in Köln**

36 Interview
Kölner Promis: Die „Frier-Sisters"

40 **Shopping Zitat**

42 Interview
Lisa Fiege

48 **Lenas Styling Tipps**

54 Interview
Mehrnaz Gorges

60 **Das Kölsche Grundgesetz**

64 Interview
Chang13

70 **Die Magie eines neuen Outfits**

72 Interview
Charlotte Kahlert

76 **Ultimative Style Tipps**

80 Interview
Leonard Dobroshi

84 **Kölner Chic Klicks**

86 Interview
Tine Siepmann

90 **Fashion Quotes**

92 Interview
Nanda Weskott

98 Ultimative Style Tipps

102 Interview
Olivia Zirkel

108 Fashion Quotes

110 Interview
Kyra Kuklies

118 Ultimative Style Tipps

122 Interview
Leonie Stockmann

130 Fashion Quotes

132 Interview
Nazhat Wahab

134 Ultimative Style Tipps

136 Interview
Sebastian Schmidt

144 Fashion Quotes

146 Interview
Isabelle Niehsen

150 Kölner Fashion Nogos

152 Interview
Teresa Dahl

156 Ultimative Style Tipps

158 Interview
Anna Behrla

164 Pst! Lenas Geheimtipps!

166 Interview
Farina Opoku

172 Ultimative Style Tipps

176 Lenas Fashion Business Insights

186 BB Loves You And We Love BB

190 Impressum

EINLEITUNG

AUF DER SUCHE NACH DEM **KÖLNER STYLE**

MODE IST STATEMENT

Zeig mir, was du trägst, und ich weiß, wer du bist. Zeig mir deine Klamotten, und ich weiß, wie du tickst. Mode ist Statement. Schon immer gewesen. Mode ist Ausdruck von Persönlichkeit und Kreativität, Mode spiegelt dein Seelenleben wieder. Selbst wenn man nicht viel Wert auf Klamotten und Style legt und lieber in Jeans und T-Shirt durchs Leben chillt, sagt das viel mehr über einen selbst aus, als man eigentlich glaubt. Mode ist gleichzeitig Abgrenzung und Uniform, denn Mode sorgt für ein Zugehörigkeitsgefühl. Nicht umsonst tragen Teenie-Girls weltweit die immer gleichen Skinny-Jeans, Sneakers oder Ugg-Boots, Oversized Shirts und Beanie-Mützen. Aber was sagt Mode über eine Stadt aus? Gibt es ihn überhaupt, einen stadtspezifischen Style?

"Es ist verboten, zu verbieten! Ich bin gegen das Modediktat. Man darf sich kleiden, wie man mag und so, wie es einem entspricht."

CHRISTOPHE LEMAIRE, KREATIVDIREKTOR HERMÈS & DESIGNER

HAT KÖLN STYLE?

London ist eine. Berlin auch. New York sowieso. Und Paris, bien sûr, Paris ist die Mutter aller. Die Rede ist von "Modestadt". Wir alle kennen den London Style, den Berlin Style, die New York Fashion und den Pariser Schick. Und wir alle haben sofort ein Bild im Kopf, wie so ein typisch hipper Londoner oder eine typisch elegante Pariserin oder so ein Berliner It-Girl aussieht. Die Fashion-Blogs sind voll von Streetstyle-Fotos aus den Mode-Metropolen. Alles, was in London, Paris und Berlin auf den Straßen gesichtet wird, erklimmt automatisch den Style-Adelsstand und wird millionenfach weltweit kopiert.

Und dann kommen wir. Zwei echte Kölnerinnen und im Gepäck die Boutique Belgique. Und machen uns auf die Suche nach dem Kölner Style. Ähm, Moment mal: Köln und Mode? Ist Köln eine Modestadt? Hat Köln überhaupt Style? Diese Frage können wir definitiv mit „JA" beantworten, denn wie der Titel schon sagt – Cologne's got STYLE! Und was für einen, das lest ihr auf den kommenden spannenden 200 Seiten.

**KÖLN -
EINE LIEBESERKLÄRUNG**

Die Kölner kennen dieses Gefühl, wenn sie weg waren, und dann über eine der breiten Autobahnbrücken stadteinwärts ihre City ansteuern - man will nur noch eins schreien, und zwar ganz laut: „Jippieh! Mein Köln!". Und dann sehen wir die zwei Spitzen vom Dom (den sieht man übrigens in Köln von fast jedem Winkel aus) - und unser Herz geht auf.

Köln ist keine schöne Stadt. Köln ist eigentlich echt hässlich. Fragwürdige zweckmäßige Architektur, graue dreckige Häuserkästen. Verusselte Straßen, dreckig, laut, oll. Manchmal kann das ganz schön nerven und man sehnt sich nach Münchner Schick und Düsseldorfer Aufgeräumtheit, wo alles so schön fein und ordentlich und mondän und stylish ist. Aber das hat Köln nicht zu bieten. Ist man als Kölner in München, staunt man immer wieder, wie schrecklich schön eine Stadt nur sein kann. Und dann ist man ein klein bißchen neidisch und schimpft mit Köln. „Mensch Köln, warum musst du nur immer so ein Schmuddelkind sein? Warum kannst du dich nicht auch mal so rausputzen wie München oder Frankfurt oder Hamburg?".

AUF DER SUCHE NACH DEM **KÖLNER STYLE**

Aber Köln will gar nicht schick sein. Und Köln muss auch gar nicht schön sein. Köln ist so, denn was Köln ausmacht, das ist seine innere Schönheit. Seine Menschen. Denn das Kölsche oder Rheinische Grundgesetz wird hier tatsächlich gelebt, und zuallererst gilt hier die Devise: Jeder Jeck ist anders. Heißt: Lass die Leute so wie sie sind. Und das spürt man hier überall. Sogar in der Mode. Doch dazu später mehr. Die Leute sind fröhlich und freundlich miteinander. Die Mentalität von „Trink doch eene mit" steckt tief im Kölner drin - bevor einer allein an der Theke steht, lädt man ihn zum Kölsch ein und klopft ihm auf die Schulter. Nirgends kommt man mit Leuten so schnell ins Gespräch wie in Köln. Nirgends wird man so nett behandelt. Das hört man immer wieder von Gästen von „außerhalb". Und besonders von Gästen aus München. Der schönen Stadt mit den schönen Menschen, die aber alle etwas, so sagt man, für sich sind. Arrogant ist das Klischee für den Münchner. Aber noch nie hat man Kölnern nachgesagt, sie seien arrogant. Allein die Büdchenkultur ist zum Verlieben. Jeder hier hat sein Büdchen. Das sind Kioske, wo man zu fast jeder Tages- und Nachtzeit was zum Futtern und Trinken, Zeitschriften und Kippen bekommt. Meistens ist man mit dem Büdchenbesitzer auf Du und tauscht sich immer aus, was so gerade ansteht. Die Büdchenbesitzer sind die heimlichen Seelsorger von ihrem Veedel, sie kennen ihre Pappenheimer, haben immer Gummibärchen und Kinderschokolade für den Nachwuchs parat und fragen stets, was einem so auf der Seele brennt. Aber auch sonst im Veedel kennt man sich. Man kennt die Leute, die Ladenbesitzer, man grüßt sich, man quatscht miteinander. Wie auf dem Dorf. Einfach schön. Und ja, das fühlt sich an wie Heimat.

KÖLNER STYLE

Und genauso leben die Menschen in Köln auch ihren Style. Jeder eben so wie er mag. Kein Naserümpfen.

> "Eine Frau mit Stil sieht gut, glücklich und selbstbewusst aus, egal, was sie trägt und wo sie es gekauft hat".
>
> DEREK BLASBERG,
> US-AMERIKANISCHER
> MODE-JOURNALIST

Keine Schubladen. Alles geht, alles ist erlaubt. Blogger-Girls findet man in Köln genauso wie Nerds, Skater, Hipster mit Vollbärten, Gymnasiastinnen mit Longchamp-Täschchen und Fashionistas mit It-Bag. Vom Schicki-Micki-Münchner hat man ja direkt ein Bild vor Augen: Louis-Vuitton-Täschchen, Ralph-Lauren-Polo-Hemd, wattierte Barbour-Stepp-Jacke, La-Martina-Reitstiefel. Und auch der Hamburger geht in diese Richtung. Und der coole Berliner? Der ist so betont unschick, dass die gespielte Schluffigkeit in der Mode schon fast aufgesetzt wirkt. Aber in Köln scheint es das typische Klischee nicht zu geben. Sind Kölner also modisch und stylish und hip? Modisch und stylish auf jeden Fall. Hip vielleicht eher nicht - denn Kölner müssen und wollen gar nicht hip sein. Denn die Kölner sind ein großer Mix aus allem. Und genau das macht es so schwierig, einen Kölner Style zu definieren. Dennoch haben wir den Vorstoß gewagt, und haben ihn gesucht, den Kölner Style, den Kölner Schick, die Kölner Mode, die typisch Kölner Klamotte eben. Wir sind eingetaucht in die Kölner Mode-Szene, haben Designer und Boutique-Besitzer interviewt, sind mit Fashionistas zum Shoppen gegangen, haben in Kleiderschränke gelunst und haben Fashion-Blogger und Promis Löcher in den Bauch gefragt. Wir wollten wissen, wie sieht er denn nun aus, der Kölner Style? Und darf sich Köln mit dem Titel "Mode-Stadt" schmücken? Interessant waren die Reaktionen auf unsere Interview-Anfragen und unsere Fragen nach dem Kölner Style: Begeisterung und absolute Zustimmung hier, aber auch Skepsis und amüsiertes Lachen dort - "Was?! Köln eine Modestadt?! Ehrlich?" Nun, wir sind allen Aspekten auf den Grund gegangen, und das macht die Suche nach dem Kölner Style so spannend.

Hat Köln also Style? Wir finden: Ja. Seinen ganz eige-

AUF DER SUCHE NACH DEM **KÖLNER STYLE**

nen. Und den zeigen wir hier in diesem Buch. Fakt ist: Wir Kölner sind selbstbewusst. Wir wissen, wir sind nicht schick und elegant wie Paris. Und der Coolness-Faktor der Londoner ist hier auch nirgends zu finden. Mit Sicherheit aber können wir mit den Berlinern mithalten. Wobei, eigentlich ist uns Kölnern Berlin ziemlich egal.

Und nach all unseren Recherchen finden wir: Köln ist SEHR modisch. Auch wenn Köln dieses Image noch nicht nach außen trägt. Aber es gibt sie, die vielen tollen, kreativen modebegeisterten Kölner. Köln hat definitiv eine Fashion-Szene. Und in Köln variiert das sogar besonders von Stadtviertel zu Stadtviertel. Man kann sehen, ob jemand ein Hipster aus Ehrenfeld ist, oder doch die Bloggerin aus dem Belgischen. Und deshalb finden wir, dass es an der Zeit ist, Köln als Style-Stadt auf den Schirm zu bringen und die Style- und Fashion-Szene hier in unserem Buch mit Stolz zu präsentieren.

> "Der Mode entkommt man nicht. Denn auch wenn Mode aus der Mode kommt, ist das schon wieder Mode."
>
> Karl Lagerfeld,
> Deutscher Designer

Köln ist voll von coolen Stores und Boutiquen, jeder findet etwas für seinen Geschmack. Ob Skater-Klamotte oder 50er-Jahre Vintage-Kleid, ob High Fashion oder Öko-Label, ob im Zentrum in der Innenstadt oder in kleinen versteckten Ecken in den Kölner Veedeln, überall wächst und sprießt sie, die Kölner Kreativität. Hinzu kommt, dass Köln eine sehr junge Stadt ist. Während andere Städte und Regionen früher oder später mit dem Problem der Überalterung zu kämpfen haben, weil alle jungen Leute woanders hingehen, sieht es in Köln ganz gegenteilig aus: Immer mehr junge Menschen und Familien kommen nach Köln - und bleiben hier. Zukunftsforscher zeigen Köln deshalb den Daumen nach oben. Und damit bleibt Köln immer lebendig und sprudelig und wuselig – und damit auch modisch und stylisch.

Unser Buch ist voll gepackt

mit Styling-Tips und vielen Inspirationen, Anekdoten und Ideen. An alle, die mitgemacht haben und unsere Fragen so offen und geduldig beantwortet haben, die ihr euch Zeit genommen habt, die ihr uns eure schönsten Styles und Outfits gezeigt habt, an dieser Stelle ein dickes Dankeschön!

Die in diesem Buch interviewten Designer, Blogger, Shop-Besitzer, sowie die vorgestellten Shops, Läden, Boutiquen etc. sind natürlich nur ein kleiner Teil dessen, was Köln zu bieten hat. Das Buch hat nicht den Anspruch, einen vollständigen Shopping-Guide zu bieten,

der alle Läden von A bis Z auflistet, sondern stellt stellvertretend für die bunte Vielfalt jeweilige Vertreter vor.

Viel Spaß mit dem Kölner Style - und viel Spaß weiterhin mit eurem ganz persönlichen Style - wünschen von ganzen Herzen

LENA TERLUTTER

HENRIETTE FRÄDRICH

DIE AUTORINNEN
LENA TERLUTTER

BOUTIQUE BELGIQUE ♡ BBLOVES ♡ SUPER STORE ♡ SALON SAHNESTÜCK

HENRIETTE ÜBER LENA

Lena ist Fashion-Profi durch und durch. Sie ist die unangefochtene Fashion-Queen vom Belgischen Viertel, mit ihren 4 Läden (Salon Sahnestück, Boutique Belgique, Super Store, BB Loves) versorgt sie die Kölner (und oft extra angereisten) Fashion-Junkies mit neuestem Stoff. Im wahrsten Sinne des Wortes. Kein Tag, an dem Lena nicht das perfekte Outfit ausführt. Was Gespür für Mode und Style angeht, so ist Lena die Carry Bradshaw von Köln. Auch online gilt Lena als absolute Stil-Ikone. Ihr Instagram-Account hat mehr als 70.000 Fans (Stand Okt. 2014), ihre immer stylish inszenierten Bilder - Outfits, Inspirationen, wunderbare Schnappschüsse aus ihrem Privatleben - sorgen für immer neue Begeisterung bei ihren Fans. Wenn einer in Sachen Mode weiß, wie der Hase läuft, dann Lena.

Mehr von und über Lena und ihre Läden:

www.boutique-belgique.de
www.super-store.co
www.salon-sahnestueck.de

www.instagram.com/lena_terlutter

DIE AUTORINNEN
HENRIETTE FRÄDRICH

HENRIETTE ÜBER HENRIETTE

Henriette ist Journalistin, Autorin und Unternehmerin. Henriette liest Modezeitschriften und Modebücher wie am Fließband, und sie weiß, was angesagt ist. Sie kennt jeden Trend - macht aber nicht jeden mit. Denn in Sachen Mode und Outfit hält sie sich selbst eher zurück, sie fühlt sich in Jeans und T-Shirts einfach am wohlsten. Sie hasst unbequeme Schuhe und kann in High-Heels keine 10 Minuten aushalten. Trotzdem bewundert sie die Fashionistas in ihren gekonnt zusammengestellten Outfits und den hohen Hacken und fragt sich immer wieder: Wie machen die das nur?

Mehr über Henriette: www.henriettefraedrich.com

KÖLNER STYLE

Wir alle kennen den Begriff „Eau de Cologne". Weltweit steht diese Wortkombination für erfrischende, leichte Duftwässerchen. „Wasser aus Köln" heißt es wortwörtlich übersetzt. Und wenn sich Wasser aus Köln international so durchsetzt, dann wird es die „Fashion de Cologne", Mode aus Köln, natürlich auch!

Kölner Style ist authentisch.

„Köln ist eine Stadt mit vielen kreativen Köpfen. Es wird viel Wert auf Style und Design gelegt und vielleicht ein bisschen weniger darauf geachtet was gerade Mode ist. Der Look ist sehr eigenständig und authentisch wie die Stadt eben auch."

Apropos Store,
apropos-store.com

Kölner Style ist Multikulti.

„Ein Glück ist diese Stadt Multikulti – und das gilt natürlich auch für die Mode!"

Annette Frier, Schauspielerin

Kölner Style ist selbstverständlich.

„Klar hat Köln Style! Man setze sich auf einen Latte Macchiato zum Leute-Beobachten an den Brüsseler Platz, et voilá."

Caroline Frier, Schauspielerin

Kölner Style ist inspirierend.

„Ich liebe es, an sonnigen Tagen durch die Ehrenstraße zu spazieren oder im Belgischen Viertel oder in Ehrenfeld die Street-Styles zu beobachten."

Kyra Kuklies, Bloggerin,
thebrunettebarbecue.com

Kölner Style ist lebenslustig.

„Ich würde behaupten, dem Kölner ist sein Aussehen eine Runde egaler und vielleicht nicht ganz so viel Geld wert. Das heißt, nicht so betont cool und schein-individuell wie Berlin und nicht so teuer und markenlastig wie München. Und ich habe festgestellt: In Köln verkaufen sich auch andere Größen: die Kölnerinnen haben mehr Kurven als die Münchnerinnen oder Düsseldorferinnen."

Anna Behrla, Shopbesitzerin
„Liebling Vintage"

Kölner Style ist unkompliziert.

„Der Kölner mag es - nicht nur in Sachen Mode - gerne unkompliziert und locker. Ich würde den Kölner Style folgendermaßen beschreiben: Jeans, Sneakers, T-Shirts und Sweater jeder Art kombiniert mit einer Umhängetasche."

Mehrnaz Gorges, Bloggerin,
shoplemonde.de

Kölner Style ist fröhlich.

„Der Kölner ist modisch sehr durchmischt. Der Kölner liebt das Fröhliche."

Chang, Modedesigner und Shopbesitzer, HOUSE OF CHANG

KÖLN HAT DEN VEEDEL-STYLE.

„Wir haben in Köln sogar einen „Veedel-Style", die Leute aus Ehrenfeld kleiden sich anders als z.B. die Leute aus der Südstadt - das ist echt interessant."

LEONARD DOBROSHI, SHOPBESITZER „SALON SAHNESTÜCK"

KÖLNER STYLE IST KREATIV.

„Köln hat eine unglaublich kreative Szene, man muss nur mit offenen Augen durch die Straßen laufen! Kleine süße Boutiquen gibt es an vielen Ecken, die sind stylisher und lohnenswerter als die meisten großen Retail-Stores. Auch talentierte Schneider-Label wie z.B. Senso Unico haben sich in Köln niedergelassen und beliefern die ganze Welt mit ihren Styles!"

KYRA KUKLIES, BLOGGERIN, THEBRUNETTEBARBECUE.COM

EHRENFELD HAT MEHR STYLE ALS LÖVENICH.

„In Ehrenfeld trifft man sehr viele stilsichere Leute, im Gegensatz zu Lövenich. Ich würde den Kölner Stil eher noch als sportlich schick, vielleicht ein bisschen Hipster nennen."

NANDA WESKOTT, BLOGGERIN, SREVOLROF.BLOGSPOT.DE

KÖLNER STYLE IST FREUNDLICH.

„Jede Stadt ist anders und hat ihre Besonderheiten. Mag sein, dass das Shoppen in Berlin mehr zu bieten hat, dafür ist Köln umso freundlicher."

ISABELLE NIEHSEN, FLORAL DESIGNERIN MIT EIGENEM LADEN, „OÙ J'AI GRANDI"

KÖLNER STYLE IST NICHT VERBISSEN.

„Ich finde, die Kölner gehen gut mit dem Thema Mode um, hier ist man nicht verbissen und muss unbedingt dem neuesten Trend hinterher jagen – der Kölner trägt, was gefällt."

TERESA DAHL, FASHION-BLOGGERIN, MODEJUNKIES.BLOGSPOT.DE

Kölner Style ist manchmal Karneval.

„Wir Kölner sind halt eigen. Es besteht immer die Gefahr, das Outfit könnte für ein Karnevalskostüm gehalten werden, wenn es zu schräg ist."

<small>Anna Behrla, Shopbesitzerin „Liebling Vintage"</small>

Köln Style ist ganz anders als Berlin oder München.

„Im Unterschied zu den Berlinern sind die Kölner weniger experimentierfreudig und klar mehr vom Mainstream geprägt. Im Vergleich zu München braucht der Kölner kein „Chi-Chi", er inszeniert sich weniger. Nimmt sich selbst nicht so wichtig."

<small>Leonie Stockmann, Shop-Besitzerin, „Simon und Renoldi"</small>

Kölner Style kann mit den anderen grossen Mode-Metropolen mithalten.

„Was in New York SoHo, in London Camden und in Berlin die Hackeschen Höfe sind, ist in Köln zum Beispiel das Belgische Viertel!"

<small>Kyra Kuklies, Bloggerin, thebrunettebarbecue.com</small>

Kölner Style ist inspirierend.

„Natürlich sind neben meinen beruflichen und privaten Reisen auch die Kölner vor der Haustüre immer Inspirationsgeber."

<small>Olivia Zirkel, Shop-Besitzerin und Designerin, „Simon und Renoldi" & Liev Design</small>

Kölner Style hat noch Luft nach oben.

„Köln hat einiges zu bieten, aber es gibt definitiv noch Potential nach oben."

<small>Nazhat Wahab, Fashion-Girl</small>

Kölner Style ist sexy auf den zweiten Blick.

„Ich finde wir Kölner sind in Sachen Mode so ein bisschen wie die merkwürdige kleine Schwester im Film. Die finde ich aber meist spannender als die sexy Hauptfigur."

<small>Anna Behrla, Shopbesitzerin „Liebling Vintage"</small>

Kölner Style ist SoHo.
„Das belgische Viertel ist das SoHo Kölns!"

CHANG, MODEDESIGNER UND SHOPBESITZER, HOUSE OF CHANG

Kölner Style ist modeverrückt.
„Wer sich mal die Schlange angesehen hat, die sich in der Nacht vor einem Sneaker-Release vor „THE GOOD WILL OUT" bildet, der zweifelt nicht mehr daran, dass Köln definitiv modisch ist."

TERESA DAHL, FASHION-BLOGGERIN, MODEJUNKIES.BLOGSPOT.DE

Kölner Style ist sportlich
„Das große Studentenaufkommen und die lässige Art der Urkölner prägen den eher sportlichen Look unserer schönen Stadt."

MEHRNAZ GORGES, BLOGGERIN, SHOPLEMONDE.DE

Köln: Die Geburtsstadt der Bread & Butter.
„Was viele nicht wissen, Köln ist die Geburtsstadt der berühmten Bread & Butter-Streetstyle-Messe, die mittlerweile nach Berlin abgewandert ist."

CHANG, MODEDESIGNER UND SHOPBESITZER, HOUSE OF CHANG

Kölner Style überstrahlt die Einheitslooks anderer Städte.
„Nur weil Düsseldorf zum Beispiel mehr Wert auf Luxus und bekannte Designer legt, heißt das nicht, dass sie den besseren Style haben. Kölner sind Underdogs, die wunderschöne Kombinationen zaubern können, die Einheits-Looks anderer Städte überstrahlen!"

KYRA KUKLIES, BLOGGERIN, THEBRUNETTEBARBECUE.COM

Kölner Style darf alles.
„Jeder sollte das tragen, worin er sich wohl fühlt und worauf er Bock hat, und genau das kann man hier in Köln."

NANDA WESKOTT, BLOGGERIN, SREVOLROF.BLOGSPOT.DE

Kölner Style ist Köln.

„Etwas, das in London funktioniert, passt nicht unbedingt auch nach Köln."

ANNA BEHRLA, SHOPBESITZERIN „LIEBLING VINTAGE"

Kölner Style nimmt sich nicht so ernst.

„Der ‚Kölner Style' ist definitiv lässig – im Gegensatz zu Düsseldorf oder München. Der Kölner nimmt sich und sein Umfeld nicht ganz so ernst, was ihn so sympathisch macht und ihm erlaubt, sich auch einmal an verschiedenen Trends zu probieren ohne gleich schräg angeschaut zu werden. Ein sehr angenehmes Lebensgefühl."

OLIVIA ZIRKEL, SHOP-BESITZERIN UND DESIGNERIN, „SIMON UND RENOLDI" & LIEV DESIGN

Kölner Style ist Meister im Kombinieren.

„Die Kölner Frauen sind lässig, ungezwungen und Meisterinnen im Kombinieren von High—Fashion und Vintage!"

KYRA KUKLIES, BLOGGERIN, THEBRUNETTEBARBECUE.COM

In Köln muss man nicht immer alles haben.

„Dieses ‚Das muss ich haben!' in Sachen Mode und Style ist per se nicht so ausgeprägt in Köln."

LEONIE STOCKMANN, SHOP-BESITZERIN, „SIMON UND RENOLDI"

INTERVIEW
DAS HIGH-FASHION-PARADIES

APROPOS – THE CONCEPT STORE ♡ HIGH FASHION CONCEPT STORE

Was wäre Köln ohne seinen legendären High-Fashion-Store, das „Apropos"? Bei aller Liebe zur Lässigkeit, wir Kölner sind stolz, einen Laden wie den Apropos-Store zu haben. Fast schon ehrfurchtsvoll steht man vor den Schaufenstern, und noch ehrfurchtsvoller schreitet man durch die heiligen Glamour-Hallen des Concept-Stores. „Haben-Wollen" raunt es einem dabei ständig durch den Kopf, denn hier finden wir Produkte und Pieces, die wir sonst nur aus den Hochglanz-Magazinen kennen.

Apropos ist mehr als nur ein High-Fashion-Geschäft, Apropos ist eine Welt zum Träumen. Hier findet sich nicht nur eine riesige Auswahl an Luxus-Mode der angesagtesten Trend-Labels (unter anderem gehört Apropos zu den handverlesenen deutschen Stores, die die Linie von Mary-Kate und Ashley

> **Wir versuchen immer, einen gewissen Grad an Exklusivität zu bieten.**

Olsen führen), sondern auch eine immense Auswahl an feinster Kosmetik und Parfums. Kein Vergleich zu Douglas – die hier angebotenen Wässerchen und Cremchen sind so exclusiv, dass man sie in Deutschland fast gar nicht kennt. Und dann der Schuhsalon. Schnappatmungs-Gefahr. Man will sich hier einschließen und eine Nacht Prinzessin spielen. Jimmy Choos, Manolos und Louboutins sind hier versammelt. Eine Auswahl, die es nirgends sonst in Köln, ja, noch nicht mal sonst in Deutschland, gibt.

Darüber hinaus besticht die Location des Apropos, wie die Kölner diesen Fashion-Tempel nennen. Ein Innenhof, um den sich die Schaufenster des Stores schmiegen, und in dem man, ganz wetterunabhängig in loungig-chilliger Atmosphäre in Kölns berühmten Fischermann's lunchen und dinieren kann. Man will hier nicht mehr weg.

Der Apropos-Store ist fast schon alteingesessen in Köln: Seit 1994 besteht er, ein zweites Geschäft wurde 2004 eröffnet. Weitere Stores gibt es in München, Düsseldorf und Hamburg.

INTERVIEW **DAS HIGH-FASHION-PARADIES**

WAS IST DAS KONZEPT VON APROPOS KÖLN? WAS WIRD DEN KUNDEN GEBOTEN?

Wir wollen unseren Kunden mehr als nur ein Einkaufserlebnis bieten. Sie kommen zu „Apropos - The Concept Store", weil sie an Mode interessiert sind, Parfum lieben, um Freunde zu treffen, zu essen, zu sehen und gesehen zu werden, um Geschenke zu kaufen oder sich selbst etwas Gutes zu tun. Unser Konzept ist eine aufregende Mischung aus Fashion, Accessoires, Home- und Beauty-Produkten, die im Ergebnis eine moderne Vision aus Luxus und Design ergibt und somit die exklusive Welt von Apropos inszeniert. Viele unserer Labels und Produkte findet man häufig deutschlandweit nur bei uns. Wir versuchen immer, einen gewissen Grad an Exklusivität zu bieten. Was nicht heißen soll, dass nur der Kunde mit großem Einkaufsbudget bei uns

zurecht kommt. Durch unser breites Sortiment und die unterschiedlichen Preislagen kann sich jeder ein Stück Apropos leisten.

IST ES SCHWER, EINEN LADEN AUFZUMACHEN UND AUFZUZIEHEN?

Es ist auf alle Fälle nicht so einfach wie oftmals gedacht wird. Es bedeutet viel Einsatz und die Bereitschaft, sich ganz dem Geschäft widmen zu wollen. Wir arbeiten immer 6 Tage die Woche. Wir reisen ca. 6 Monate im Jahr, während dieser Einkaufszeiten bringen wir es auch schon einmal auf acht 7-Tage-Arbeitswochen am Stück. Das klingt jetzt schlimm, aber Gott sei Dank ist es mehr Berufung als Beruf und fühlt sich fast nie wie Arbeit an. Um die Frage zu beantworten: Wenn man weiß, worauf man sich einlässt und es mit Leidenschaft tut, dann ist es eigentlich nicht schwer, sondern ganz wunderbar.

WORAN ORIENTIERT SICH APROPOS KÖLN MIT SEINEM ANGEBOT? AM KÖLNER STYLE

ODER EHER "ÜBERREGIONAL" ODER INTERNATIONAL?

In unserem Genre in einer globalisierten Welt wäre es fatal, wenn wir uns mit unserem Angebot ausschließlich regional orientieren würden. „Apropos - The Concept Store" steht für internationale Designermode und das ist es auch, was unsere Kunden erwarten: Einen spannenden, internationalen Brandmix. Wir wollen den Wünschen unserer informierten Kunden entsprechen, die viel reisen und auf der Suche nach einem internationalen Angebot sind.

WER SIND EURE KUNDEN? WOHER KOMMEN SIE?

Von überall her! Durch unseren Onlinestore haben wir Kunden in Hong Kong, Australien oder Dubai, aber auch stationär findet man „Apropos The Concept Store" mittlerweile ja nicht nur in Köln sondern auch in Düsseldorf, Hamburg und München. Es ist schön zu sehen, wenn Stammkunden aus den anderen Städten jedes Mal bei Apropos halt machen, wenn Sie in Köln sind. Zu unseren Kunden gehört der Ur-Köl-

> 66 **Ein Schuhsortiment auf unserem Niveau findet sich als nächstes wohl erst wieder in London oder Paris.** 99

ner genauso wie der internationale Globetrotter. Wir haben zum Beispiel Kunden in Zürich, auf Mallorca oder in St. Petersburg, die Termine mit uns vereinbaren und dann extra zum Shoppen eingeflogen kommen. Viele Touristen besuchen Apropos: Wer einen Trip nach Köln plant und fashionaffin ist, für den zählt ein Besuch bei uns quasi zum Pflichtprogramm. Eine Altersbeschränkung gibt es bei uns ebenso wenig, da man bei uns nicht nur Labels zu anspruchsvollen Preisen findet, sondern auch viele Contemporary Linien.

NACH WAS SUCHEN DIE KUNDEN IM AS BESONDERS, WAS SIND IN KÖLN DIE BESTSELLER?

Unsere Kunden suchen nach individuellen Labels und ausgefallen Teilen, nach dem Besonderen, nach Luxus oder etwas Skurrilem. Sie sind auf der Suche nach angesagten It-Labels, nach Mode, die sich vom Mainstream absetzt. Zu den Topsellern gehören sicherlich die It-Bags von Céline, Kleider von Alaia und Dolce & Gabbana oder The Row, die Kollektion von Mary-Kate und Ashley Olsen. Einzigartig in Deutschland und heiß

INTERVIEW **DAS HIGH-FASHION-PARADIES**

geliebt von unseren Kundinnen ist sicher der Schuhsalon. Wir bieten unseren Kunden dort Marken wie Christian Louboutin, Manolo Blahnik, Jimmy Choo, Valentino, Saint Laurent und viele mehr. Ein Schuhsortiment auf diesem Niveau findet sich als nächstes wohl erst wieder in London oder Paris.

WIE WIRD DAS ANGEBOT BEI APROPOS ZUSAMMENGESTELLT? NACH WELCHEN KRITERIEN?

Wir versuchen, uns in der Auswahl unserer Labels vor allem vom Mainstream abzusetzen und unseren Kunden Produkte zu bieten, die den „Haben- Wollen- Effekt" auslösen. Wir richten uns sicherlich auch nach unseren Abverkaufs-Listen und dem, was sich gut verkauft hat. Trend und Zeitgeist sind Kriterien, aber nicht zuletzt geht es um persönliches Gefallen und unser Gespür, welches uns sagt, was zu Apropos passt und was eben nicht.

EINEN INSIDER-TIPP VON DEN APROPOS-MODE-EXPERTEN BITTE: WIE IST MAN IMMER TOP ANGEZOGEN?

Man sollte alles, was man trägt, mit Überzeugung und Würde tragen. Wenn man seiner selbst sicher ist und sich wohl fühlt, gehört nicht viel dazu, toll auszusehen und Ausstrahlung zu haben. Wir mögen einen „effortless", also unangestrengten, Chic: Mit einem weißen T-Shirt, einer guten Jeans plus gut sitzendem Blazer und hochwertigen Schuhen macht man in der Regel nicht viel falsch.

WO HOLEN SICH DIE MACHER VON APROPOS INSPIRATIONEN?

Auf unseren vielzähligen Reisen nach Mailand, Paris, London und New York. Die Fashion-Weeks und die einzelnen Schauen bieten viel Platz für Inspiration. Hier geben Mode-Elite und Streetstyle-Profis ihr Bestes und tragen bereits häufig die Mode, die wir im nächsten Moment auf dem Runway zu sehen bekommen. Es müssen allerdings nicht immer die Mode-Metropolen sein,

> ❝ **Wenn man seiner selbst sicher ist und sich wohl fühlt, gehört nicht viel dazu, toll auszusehen und Ausstrahlung zu haben.** ❞

die uns inspirieren, oft sind es auch Flohmärkte in Antwerpen oder der besondere Vintage Flair in L.A., Bücher und Magazine auf unseren Reisen sowie gutes Essen.

WAS SIND MODISCHE NOGOS? FASHION-FAUXPAS?

Das Credo: „Fake it till you make it!" geht gar nicht und kleidet niemanden. Mode sollte authentisch und selbstverständlich sein!

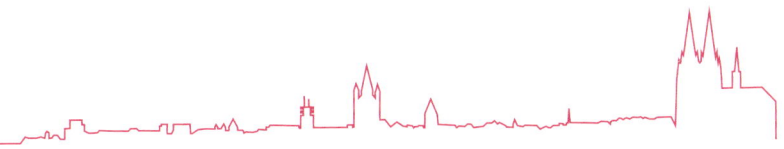

WIE WIRD SICH DIE MODE IN ZUKUNFT ENTWICKELN?

Nachhaltigkeit und Komfort werden in der Mode immer wichtiger werden und den Luxus der Zukunft definieren.

KÖNNT IHR EINEN SPEZIELLEN KÖLNER STYLE DEFINIEREN?

Lässig, unangestrengt, urban, kreativ, bohemian beschreibt den Kölner Stil ganz gut.

WAS UNTERSCHEIDET KÖLNER STYLE VON BERLINER STYLE, HAMBURGER STYLE, MÜNCHNER STYLE?

Die Kölner nehmen sich und ihren Look vielleicht nicht so ernst wie zum Beispiel der Münchner und sehen deswegen besonders unangestrengt lässig aus.

WEIL KÖLN SO LÄSSIG IST -LEGT MAN IN KÖLN ÜBERHAUPT WERT AUF STYLE UND MODE?

Köln ist eine Stadt mit vielen kreativen Köpfen. Es wird viel Wert auf Style und Design gelegt und vielleicht ein bisschen weniger darauf ge-

achtet, was gerade Mode ist. Der Look ist sehr eigenständig und authentisch – wie die Stadt eben auch.

IST KÖLN AN SICH EINE MODISCHE STADT?

Köln ist sehr wohl stylisch, und wir alle arbeiten jeden Tag daran, dass es auch so bleibt.

HAT KÖLN GENUG DESIGNER, KREATIVSZENE, FASHION-SZENE, LÄDEN, SHOPS?

Kann es jemals genug Kreativszene geben? Wir finden die Entwicklung der letzten Jahre toll, würden uns aber speziell in der Gastronomie mehr individuelle Konzepte wünschen - eine absolute Lücke in Köln, wie wir finden.

WIE IST DIE KÖLNER KUNDSCHAFT SO DRAUF? WORAUF LEGT SIE WERT?

Die Kunden suchen speziell nach Teilen, die ihren ganz eigenen Stil unterstreichen und schätzen die entspannte, ungezwungene Atmosphäre beim Einkaufen, die Courtyard-Atmosphäre des Concept Stores ist besonders beliebt.

www.apropos-store.com

Fashion Quotes

„Mode interessiert heute nicht mehr nur die Reichen, sondern alle Leute."
— Michael Michalsky, Deutscher Designer

„Einer der größten Fashion-irrtümer ist, man müsse viel Geld ausgeben, um wirklich gut auszusehen. Falsch. Ich kenne nur zu viele reiche Frauen, die schrecklich aussehen in ihren Designer-Stücken. Lagenweise Labels und ständige Friseurbesuche sind nicht das Nonplusultra. Am Ende sehen sie aus wie ein überladener Designerteddy mit Mopp auf dem Kopf."
— Derek Blasberg, US-Amerikanischer Mode-Journalist

„Begeisterung ist das Geheimnis jeder Schönheit. Ohne sie gibt es keine Schönheit."
— Christian Dior, Französischer Designer

„Stil bedeutet, schicke Dinge zu kaufen, die zu einem passen, und nicht, sich von Kopf bis Fuß in Dior zu hüllen, nur um zu zeigen, was man sich leisten kann."
— Derek Blasberg, US-Amerikanischer Mode-Journalist

„Eine Frau braucht nur einen schwarzen Pullover, einen schwarzen Rock und einen Mann, der sie liebt, damit sie schön aussieht."
— Yves Saint Laurent, Französischer Designer

„Moden vergehen. Stil ist ewig."
— Yves Saint Laurent, Französischer Designer

„Mode und Stil sind nicht dasselbe. Mode ist ein sich ständig änderndes Bewusstsein, das von Fashion-Designern kreiert und alle sechs Monate in die Läden und an den Kunden gebracht wird. Stil dagegen ist das, was Sie aus den jeweiligen Fashion-Trends und Einzelteilen machen, und wie Sie daraus Ihre ganz persönliche Garderobe zusammenstellen."
— Derek Blasberg, US-Amerikanischer Mode-Journalist

INTER MODE-
DIE VIEW REDAKTEURIN

JESSICA WEISS ♡ CHEFREDAKTEURIN „JOURNELLES"

Jessica Weiß ist Deutschlands bekannteste Modebloggerin. Recherchiert man, wie eigentlich der Modebloggerboom in Deutschland zu Stande kam, dann fällt früher oder später ihr Name. Sie war eine der ersten, die fast täglich online über Fashion und Lifestyle berichteten. Ihr Blog „LesMads" ist mittlerweile eine Legende, sowohl in der Online-, als auch in der Fashion-Branche. Und während andere noch grübelten, wie man online mit Blogs überhaupt Geld verdienen kann, zog sie, mit Anfang 20, einen Mega-Deal mit Burda an Land: Der etablierte Verlag übernahm den - in Köln gegründeten - Blog. Mittlerweile hat sie ihr nächstes Baby gestartet, das Blogazine „Journelles", und auch hier spricht der Erfolg Bände: 310.000 Besucher monatlich (Stand August 2014), das sind 10.000 Besucher am Tag. „Journelles" ist damit in rasantem Tempo zum größten deutschen unabhängigen Blogazine avanciert.

WIE LANGE BLOGGST DU SCHON?

2007 habe ich in Köln das Modeblog „LesMads" mitgegründet, inzwischen sind es also schon über 7 Jahre.

WIE OFT BLOGGST DU?

Tagtäglich von Montag bis Freitag, im Durchschnitt bis zu vier Artikel am Tag.

WIE KAMST DU AUF DIE IDEE, ÜBER MODE ZU BLOGGEN?

Mode war schon immer meine Leidenschaft, das Bloggen hat das Interesse an der Branche aber erst so richtig voran getrieben. Zunächst habe ich aber auch über Musik, mein Leben in Köln und Konzerte berichtet – inklusive Spiegel- und Umkleidekabinenfotos, versteht sich!

WO HOLST DU DIR INSPIRATIONEN FÜR DEINEN BLOG?

Ich lese viele Online-Magazine, bin auf allen wichtigen Presse-Verteilern, schaue viel bei Instagram und werde besonders auf Reisen inspiriert. Daraus ergeben sich die schönsten eigenen Geschichten.

> ❝ Noch schneller werden kann die Mode ja kaum – ich denke, dass wir nun an einem Punkt sind, an dem auf Entschleunigung und Zweitverwertung gesetzt wird. ❞

WAS MACHT FÜR DICH EINEN GUTEN MODE-BLOG AUS?

Aktualität, Regelmäßigkeit, ein unverwechselbarer Geschmack sowie ein gutes Layout, qualitativ hochwertige Bilder und Texte.

WELCHE ERFOLGS-TIPPS HAST DU FÜR LEUTE, DIE AUCH ÜBER MODE BLOGGEN WOLLEN?

Seid einzigartig, orientiert euch nicht zu sehr an anderen und habt Durchhaltevermögen – ein professionelles Blog ist ein Fulltimejob und Reichweite braucht Zeit, sich aufzubauen!

WIE SIEHT DEIN GANZ PERSÖNLICHER STYLE AUS?

Immer so, wie ich mich fühle, aber ich liebe französische

INTERVIEW **DIE MODE-REDAKTEURIN**

schlichte Mode und mag elegante Sportlichkeit.

WELCHE MODE-TIPPS HAST DU FÜR FASHION-FANS?
Investiert in Klassiker! Taschen werten jedes Outfit auf. Bleibt eurem Stil treu und macht nicht alles mit.

WIE IST MAN DEINER EINSCHÄTZUNG NACH IMMER TOP ANGEZOGEN?
Schwarze skinny Lederhose, weisses Shirt und Blazer. Auch Hüte peppen jeden Basic-Look auf.

WO HOLST DU DIR INSPIRATIONEN FÜR DEINEN STYLE?
Ich bin tagtäglich von Mode umgeben und ziehe mir daraus unterbewusst meine Favoriten. Das funktioniert viel über (Streetstyle-)Bilder und Laufsteg-Looks!

WAS GLAUBST DU, WIE WIRD SICH DIE MODE IN ZUKUNFT ENTWICKELN?
Noch schneller werden kann die Mode ja kaum – ich denke, dass wir nun an einem Punkt sind, wo auf Entschleunigung und Zweitverwertung gesetzt wird. Das Internet wird ein noch essentiellerer Teil des Abverkaufs sein und wie immer gilt: Nur die Besten werden überleben.

WAS WIRD DER NÄCHSTE TREND SEIN?
Culottes und die ¾-Länge sind sehr präsent, ausserdem Khaki, übergrosse Strickpullover und es wird wieder an der Hüfte geknotet, was das Zeug hält.

WER SIND DEINE STYLE-VORBILDER?
Ich liebe Leandra Medine, auch wenn ich ihre Looks nie tragen könnte!

GIBT ES EINEN "KÖLNER STYLE"?
Für mich ist Kölner Style eine Mischung aus Vintage, Streetwear und Sneakern!

SIND DEINER MEINUNG NACH DIE KÖLNER IN SACHEN MODE AUF DEM RICHTIGEN WEG, ODER BRAUCHEN WIR NACHHILFESTUNDEN?
Wir Deutschen können generell nicht genug Mode inhalieren und leben – das hat nichts mit der Stadt, in der man lebt, zu tun. Ich freue mich daher über die Demokratisierung der Mode in den letzten Jahren.

HAND AUFS HERZ, KÖLN ODER BERLIN?
In Berlin ist modetechnisch mehr los, hier sind viele Stores, PR-Agenturen, Modeschulen, lauter Events. Daher ist die Hauptstadt mein Favorit, aber im Herzen bleib ich immer Köln-Fan!

Shopping in Köln

Köln ist bekannt für die größte Einkaufsmeile Deutschlands - die Schildergasse. Mit fast 15.000 Besuchern in der Stunde (gemessen von einer Unternehmensberatung 2014) gilt sie als meistbesuchte Einkaufsmeile Deutschlands. Daran angegrenzt sind Hohe Straße und Breite Straße, die ebenfalls zum Binge-Shopping locken. Da sich hier jedoch die großen Ketten angesiedelt haben, geht von der Schildergasse kein besonderer Köln-Flair aus, denn hier gibt es nichts, was es in anderen Städten nicht auch geben würde. Die Schildergasse mit seinen H&Ms, Zaras, P&Cs, C&As, Görtzs und Juwelier-Christs könnte es so auch in Wuppertal, Hannover oder Leipzig geben. Trotzdem ist diese Fußgängerzone an den Wochenenden immer gerammelt voll. Der kluge Kölner vermeidet das Gedränge aber lieber.

Denn stilbewusste Kölner bevorzugen die kleinen Shops und Boutiquen, die es in jedem Viertel in jeder kleinen Seitenstraße gibt. Um in Köln das Besondere zu finden, muss man oft ein wenig suchen. Aber es gibt sie, die vielen kleinen Läden mit individuellem Angebot und Inhabern, die mit Herzblut dabei sind. Ob Skater-Shop, 20er-Jahre-Style, Pariser Chic oder Vintage-Paradies, in ganz Köln gibt es sie, die Special-Interest-Shops, die für jeden Geschmack das passende bieten.

Eine mondäne Meile wie die Düsseldorfer Kö oder den Berliner Kurfürstendamm sucht man in Köln vergebens. Der Hermès-Store am Kölner Dom, gleich daneben Louis Vuitton und unweit davon Bulgari - das ist alles, was Köln in Sachen etabliertem Luxus zu bieten hat. Die Luxus-Boutiquen wirken inmitten der Touristenströme und neben den anderen "normalen" Shops und den Coffe-to-Go-Ständen aber immer etwas deplatziert. Die Mittelstraße versucht, ein wenig Glamour nach Köln zu bringen, Geschäfte und Boutiquen aus der gehobenen bis luxuriösen Fashion-Ecke haben sich hier angesiedelt. Hier gibt es Geschäfte, denen man auf den ersten Blick gar nicht ansieht, dass es dort Hosen und Pullover für mehrere tausend Euro das Stück zu kaufen gibt. Da kann man schon mal ganz unbedarft in eine solche Boutique hineinstolpern und reibt sich ungläubig die Augen bei den Preisschildern an den feinen Cashmere-Zwirnen. Ups, sowas in Köln? Ja, sowas gibt es auch in Köln. Luxus, fein versteckt, und nicht zur Schau gestellt.

"Mode beschränkt sich nicht nur auf Kleider. Mode findet sich am Himmel, auf der Straße. Mode hat mit Ideen zu tun, der Art, wie wir leben, was um uns herum passiert."

Coco Chanel, Französische Designerin

„Ich finde, dass die Frauen im Allgemeinen zu wenig wagen und nicht mutig genug sind, obwohl ihnen in den Modezeitschriften und Blogs so viele Anreize gegeben werden. Sie trauen sich zu wenig. Auch junge Mädchen und Frauen kleiden sich zu oft zu konform und uniformisiert. Sie werden sehr stark von der Regenbogenpresse und Stars beeinflusst."

Agnès Poulle, Französische Mode-Journalistin

INTERVIEW
KÖLNER PROMIS: „FRIER-SISTERS"

ANNETTE FRIER ♡ SCHAUSPIELERIN

Annette Frier gehört zu den beliebtesten deutschen Schauspielerinnen. Vor allem mit ihrer Serie „Danni Lowinski" avancierte sie zum absoluten Publikums-Liebling und Quoten-Garanten. Annette ist ein echtes Kölsches Mädsche – und natürlich hat auch sie was zum Kölner Style zu sagen. Wir haben sie für ein Speed-Style-Interview zwischen zwei Drehterminen erwischt!

HAT KÖLN STYLE?

Der Kölner an sich ist zwar weder der schickste noch der schrägste Vogel im Wald, aber Style? – Jo! Selbstverständlich!

WIE SIEHT DENN DER KÖLNER STYLE AUS?

Ein Glück ist diese Stadt Multikulti – und das gilt natürlich auch für die Mode!

WO GEHST DU AM LIEBSTEN SHOPPEN?

Ganz klar, belgisches Viertel! Sehr gern Boutique Belgique. Und wenn ich dort nicht fündig werde (selten!), schmeiß' ich mich ins Getümmel auf der Ehrenstraße.

WAS IST DER ANNETTE-STYLE?

Meine einzige Konstante ist schwarz. Ansonsten mache ich zwar einige angesagte Trends mit, lasse jedoch die Finger nach wie vor von 80er-Jahre-Retro-Sünden, die mir wieder vermehrt begegnen (oh Gott!). Also, wie beschreib' ich mich? Sportlich-experimentell an mutigen Tagen, klassisch-schwarz, wenn ich mich sicher fühlen will.

> „Fashion ist für mich ein bisschen wie Fußball. An einem Samstag bin ich Fan, am nächsten Tag verweigere ich den ganzen Zirkus."

WIE WICHTIG IST MODE FÜR DICH?

Fashion ist für mich ein bisschen wie Fußball. An einem Samstag bin ich Fan, am nächsten Tag verweigere ich den ganzen Zirkus. Aber Mode ist definitiv eine herrliche wichtige Nebensache, die viel Stoff für guten Gossip bietet!

www.annettefrier.de

CAROLINE FRIER ♡ SCHAUSPIELERIN

Caroline Frier gehört zu Deutschlands beliebtesten Soap-Darstellerinnen. Ihre Rolle der sympathischen Bea in „Alles was zählt" brachte ihr viele Fans. Vorher stand sie für verschiedenste TV-Produktionen vor der Kamera. Wir konnten Caroline einige Fashion-Insights entlocken – denn als waschechte Kölnerin hat sie in Sachen Köln und Style natürlich auch einiges zu sagen.

HAT KÖLN STYLE?

Klar hat Köln Style! Man setze sich auf einen Latte Macchiato zum Leute-Beobachten an den Brüsseler Platz, et voilà.

WIE SIEHT DENN DER KÖLNER STYLE AUS?

Unangepasst, wild, abgefahren, chic, FREI, eigenwillig - aber NIE langweilig!

> **Klar hat Köln Style! Man setze sich auf einen Latte Macchiato zum Leute-Beobachten an den Brüsseler Platz, et voilà.**

WO GEHST DU AM LIEBSTEN SHOPPEN?

Sehr easy! Im belgischen Viertel. Viel Ruhe, viel Auswahl, individuell. Das belgische Viertel hat die vier schönsten Läden, die unsere Stadt unseren Mädchen zu bieten hat: Boutique Belgique, BB loves, Super Store und Salon Sahnestück. Ich bin verliebt!

WAS IST DER CARO-STYLE?

Unkompliziert! Nicht zu viel darüber nachdenken. Tagesform- abhängig, ob ich mich was „traue" oder doch wieder auf die „Old Time Classics" zurück greife.

WIE WICHTIG IST MODE FÜR DICH?

Wichtig! Aber kein Überlebens-Elixier! Sich inspirieren lassen, nix kopieren, vor allem Spaß haben (nackig oder in Haute Couture!).

„Wer sagt, dass

GLÜ

nicht kaufen kann,

hat

SHO

Man

uck

keine Ahnung von

pping.

David Lee Roth, US-amerikanischer Musiker, Frontman der Band "Van Halen"

INTER NEW
DIE VIEW YORKERIN

LISA FIEGE ♡ BLOGGERIN

Nein, Lisa ist keine New Yorkerin. Aber sie könnte es definitiv sein – die Posts und die vielen tollen Bilder auf ihrem Blog „The L Fashion" beweisen es. Köln kann stolz sein, auf so viel Fashion & Style in einer Person! Lisa bloggt seit 2012 . Anfangs eher sporadisch – doch als sie von einer Kleinstadt nach Köln gezogen ist, ist die Kreativität in ihr explodiert. „Hier gibt es einfach so viele tolle Stellen um Fotos zu machen, hier können wir unsere Ideen endlich umsetzen", schwärmt sie von der Stadt am Rhein. Seitdem bloggt sie drei bis vier mal pro Woche. Die tollen Fotos macht übrigens ihr Freund. Praktisch, wenn man Hobby und Liebe auf so schöne Art und Weise verbinden kann!

WIE KAMST DU AUF DIE IDEE, ÜBER MODE ZU BLOGGEN?

Für Mode interessiere ich mich, seitdem ich mir mit 15 Jahren meine erste InStyle gekauft habe. Seitdem ist Mode meine große Leidenschaft. Mein Blog ist eine tolle Möglichkeit, meine Vorstellungen von Mode mit anderen zu teilen.

WO HOLST DU DIR INSPIRATIONEN FÜR DEINEN BLOG?

Definitiv von anderen Modeblogs, Kristina Bazan ist mit ihrem Blog Kayture auf jeden Fall meine größte Inspiration. Außerdem bin ich total süchtig nach Pinterest, da könnte ich jeden Tag Stunden verbringen. Man findet einfach für jedes Thema eine passende Inspiration. Am liebsten würde ich dort alle Outfits nachkaufen, was für mein Studentenbudget echt gefährlich ist.

> **❝ Für Mode interessiere ich mich, seitdem ich mir mit 15 Jahren meine erste InStyle gekauft habe. ❞**

WELCHE ERFOLGS-TIPS HAST DU FÜR LEUTE, DIE AUCH ÜBER MODE BLOGGEN WOLLEN?

Auf jeden Fall jede Menge Geduld mitbringen! Man muss auch viel Arbeit in einen Blog investieren, damit die Leute auf einen aufmerksam werden – und das braucht eben seine Zeit. Außerdem kann ich es nur empfehlen, mit anderen Bloggern in Kontakt zu treten, ich tausche mich immer mit meiner Kölner ‚Bloggerkollegin' Charlotte von Important Part aus und konnte schon viel von ihr lernen.

WIE SIEHT DER LISA-STYLE AUS?

Vor der Frage habe ich immer „Angst", denn ganz ehrlich, ich weiß es nicht. Mein Stil hat sich im Laufe meines „Blogger-Daseins" so sehr verändert, dass ich mich nicht wirklich auf einen Stil festlegen könnte, es ist was Undefinierbares. Ich kombiniere gerne Stile miteinander, sportlich-elegant, rockig-mädchenhaft, ich probiere einfach gerne rum.

INTERVIEW **DIE NEW YORKERIN**

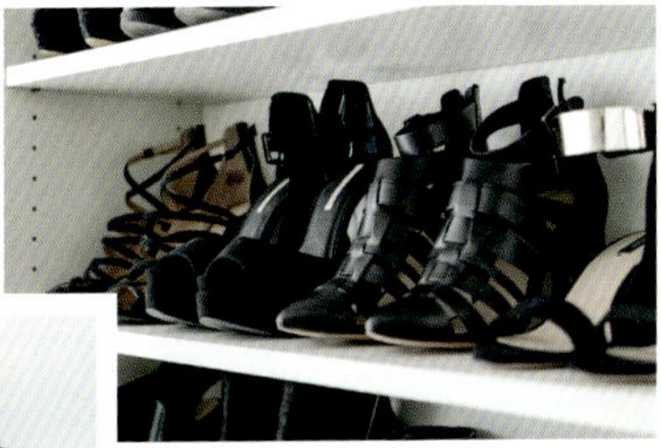
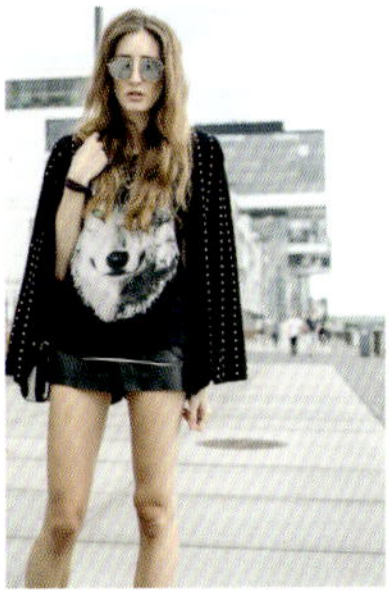
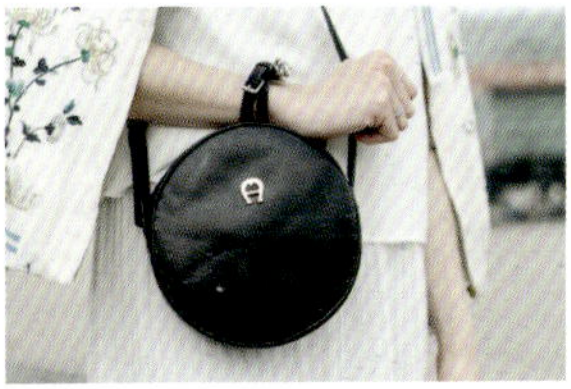
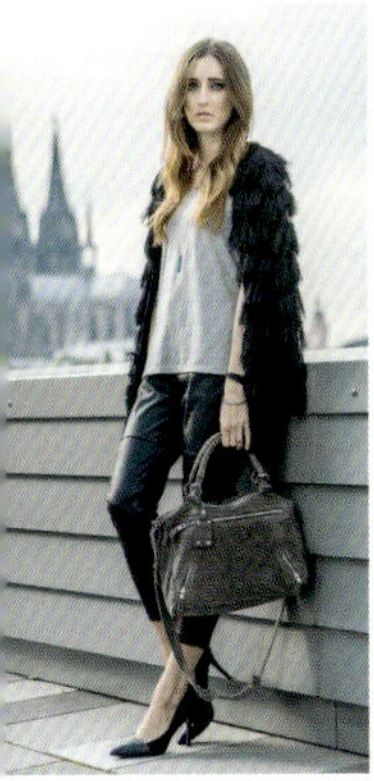
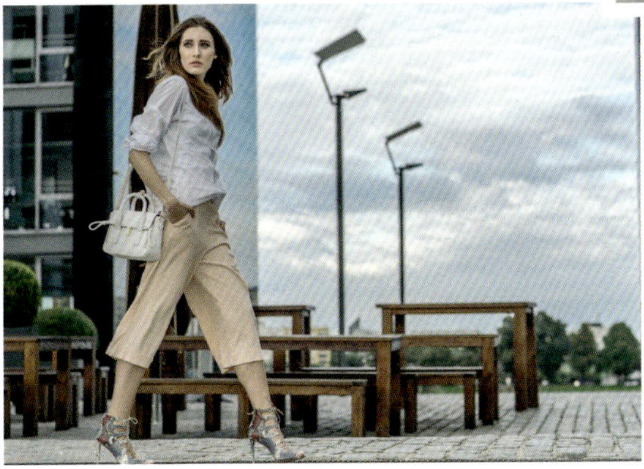
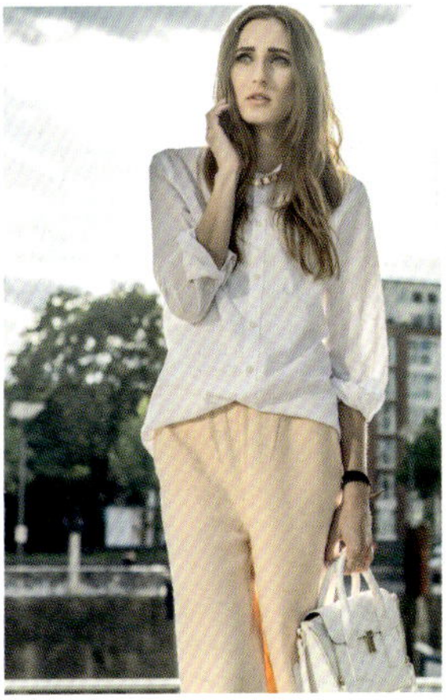

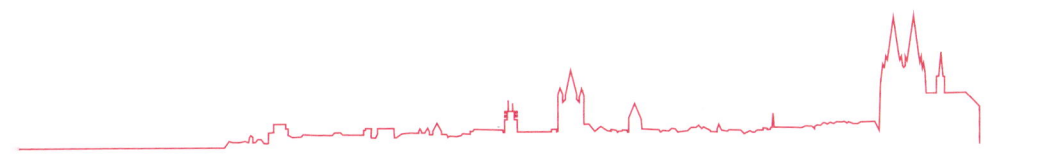

INTERVIEW **DIE NEW YORKERIN**

WELCHE MODE-TIPS HAST DU FÜR DIE, DIE VIELLEICHT NICHT SO SICHER SIND WIE DU?

Auf jeden Fall Mut haben. Ich habe früher so oft Outfits im Schrank hängen lassen, weil ich Angst hatte, was andere darüber denken könnten. Das ist mir heute komplett egal, ich trage, was mir gefällt. Und wenn jemand das anders sieht, ist das ok für mich.

> ❝ Die Leute in Köln tragen die perfekte Mischung aus trendy und alltagstauglich. ❞

WOHER KOMMT DEINE LIEBE ZUR MODE?

Ich war schon immer ein sehr kreativer Mensch, nur bin ich irgendwann aus dem Wachsmalstift-Alter rausgewachsen und habe in der Mode einen anderen Weg gefunden, um meiner Kreativität freien Lauf zu lassen.

GIBT ES EINEN "KÖLNER STYLE"? WIE SIEHT DER AUS?

Auf jeden Fall steht hier Lässigkeit ganz weit oben. Selbst wenn man in den teureren Einkaufsstraßen unterwegs ist, sehen die Leute nie overdressed aus. Also bei mir in der Fachhochschule ist der typische Look, Jeans im Used Look, Nietenboots oder coole Sneakers und Lederjacken, gerne auch mal mit schicken Fellwesten kombiniert. Also die perfekte Mischung aus trendy und alltagstauglich.

> ❝ Ich bin total süchtig nach Pinterest. ❞

LEGT MAN IN KÖLN ÜBERHAUPT WERT AUF STYLE UND MODE?

Das ist auch hier ganz unterschiedlich, Mode bedeutet für jeden etwas anderes. So gibt es auch hier Kölner, die definitiv jeder New Yorkerin Konkurrenz machen könnten.

IST KÖLN AN SICH EINE MODISCHE STADT?

Köln hat schon seinen eigenen Style, wie jede Großstadt, auch wenn ich mir ganz ehrlich niemals eine Fashion Week in Köln vorstellen könnte, aber dafür haben wir ja den Karneval (Haha!). Ich glaube das ist wie in jeder anderen Stadt ganz unterschiedlich. Manchmal kom-

> ❝ Mein Stil ist undefinierbar. ❞

men mir Mädchen entgegen, die direkt für die Vogue abgelichtet werden könnten und andere sind übertrieben gesagt ein Fall für die Modepolizei, aber jedem das seine, da würde ich niemals jemandem etwas vorschreiben. Mode ist nicht für jeden ein wichtiger Bestandteil.

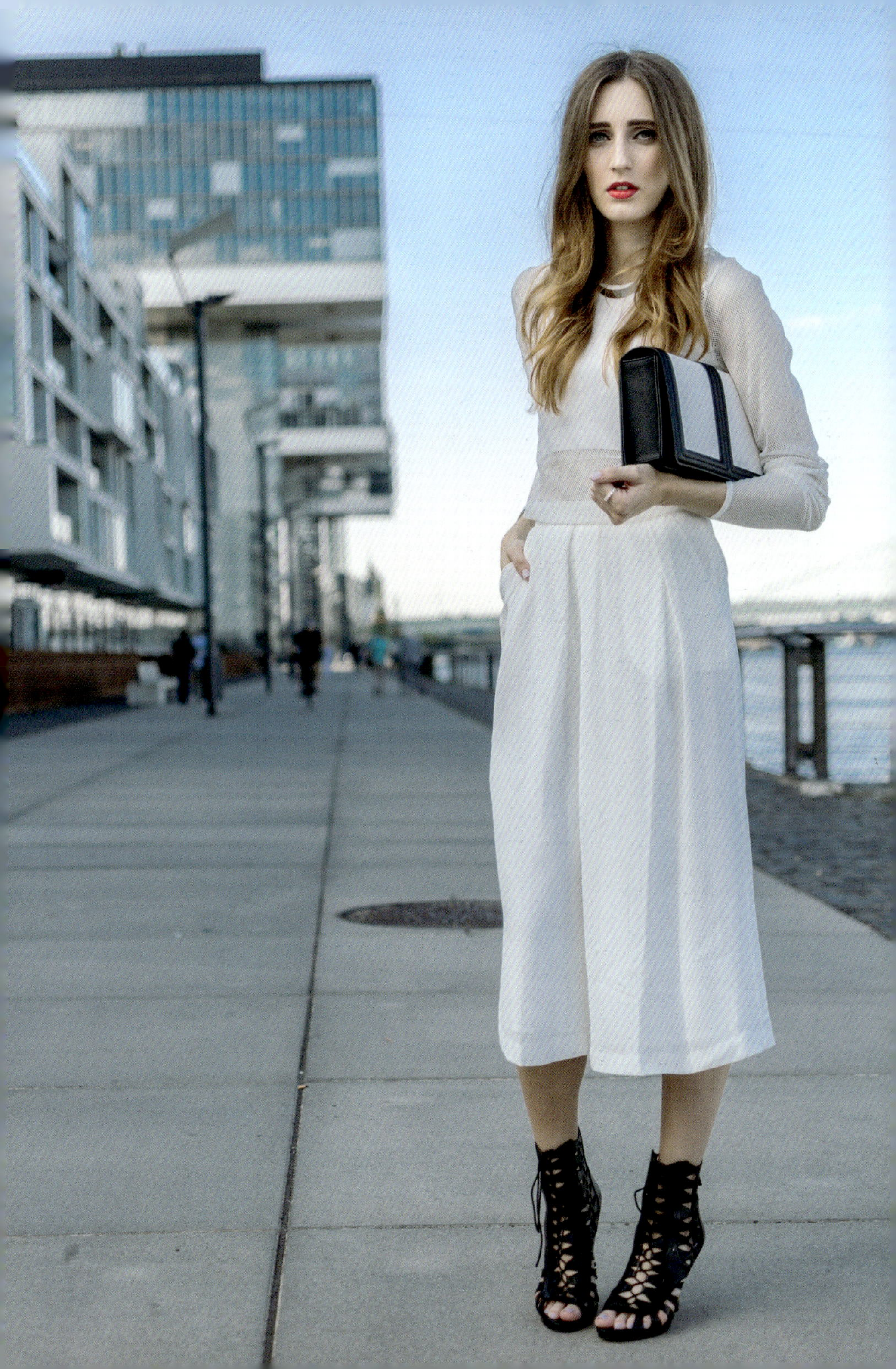

LENAS STYLING TIPPS

KÖLN BY NIGHT

Das Kölner Nachtleben ist, genau wie der Kölner Style, sehr verschieden. In Ehrenfeld gibt's alternative Indie-Parties, auf den Ringen kommerzielle Discos, im belgischen Viertel stylische Lounge-Clubs. So unterschiedlich die Genres der Vergnügungs-Möglichkeiten, so variabel sind auch deren Gäste.

Bei all der Vielfalt der verschiedensten Styles haben sie doch alle eins gemeinsam: Sie wollen Spaß haben, sich amüsieren, sich „stylen": High Heels gibt's im „Ivory", Vans in den „Hängenden Gärten", Nikes im „Subway".

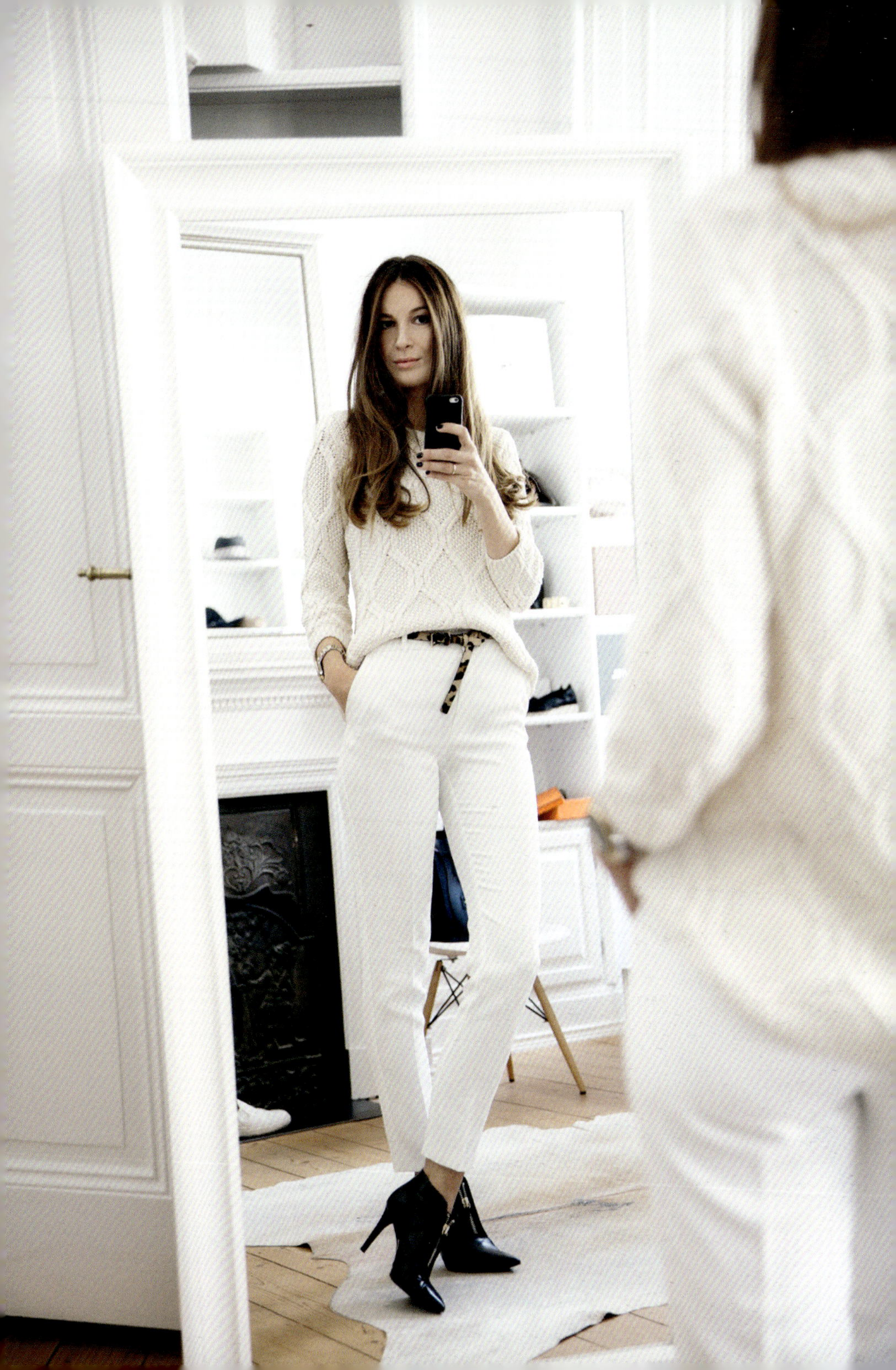

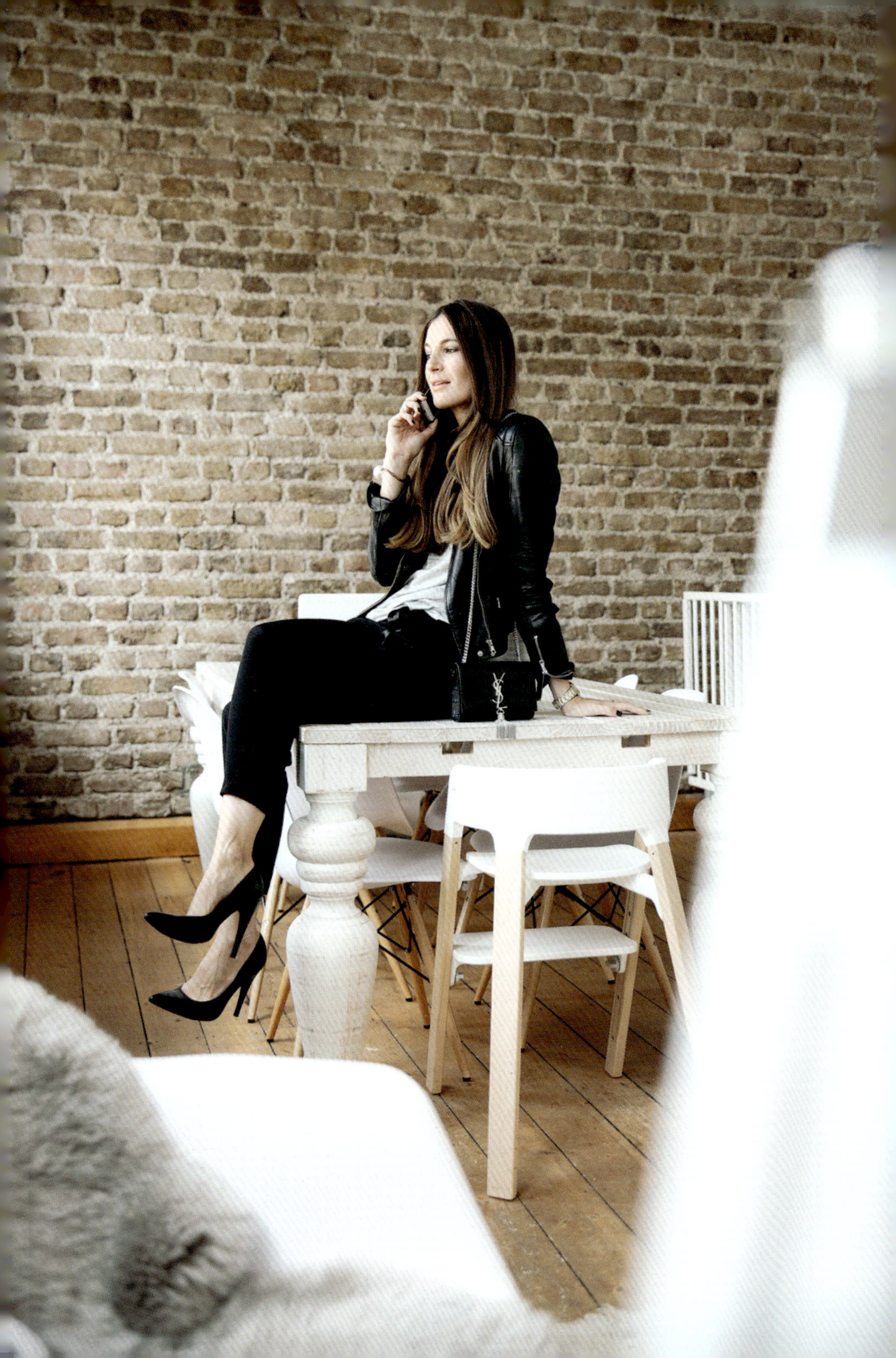

> "Am liebsten hab ich mein Geld dort, wo ich es sehen kann… hängend in meinem Kleiderschrank."
>
> Carrie Bradshaw, New Yorker Fashion-Ikone

Was überall und immer geht in Kölle ist: Tada -

Die Lederjacke. Ob übers Pailettenkleidchen, Cropped Top, Logo Shirt oder Basic Tee – eine Lederjacke ist der perfekte Begleiter für Kölner Nächte.

WAS ZIEHE ICH ZUM BRUNCH AN ?

Brunchen ist für mich ein echtes Sonntags – Ritual, man geht spazieren, hält hier und da ein Schwätzchen, schlendert bestenfalls bei gutem Wetter von Café zu Café , denn der Kölner liebt es gesellig, d.h. draußen spielt sich das Leben ab. Der perfekte Sonntags – Look ist für mich daher eine Wide Leg Pants, am liebsten gemustert und aus einem fließendem Stoff (alternativ Skinny Denims) in Kombination mit einem Seidentop oder je nach Wetter, mit einem gemütlichen Strickpulli und Flats. Flache Schuhe sind sowieso ein Sonntags – „Must Wear" – das strahlt Lässigkeit aus und steht einfach den meisten Frauen am besten.

WAS ZIEHE ICH ZU EINEM FASHION EVENT AN ? (STORE OPENING / FASHION SHOW / EVENT)

Schön ist es immer, wenn man bei solchen Anlässen seine Trend-Kompetenz in Details zeigen kann. Oft reicht es, wenn zB Leo Print wieder total gehypt wird, eine Handyhülle oder Schuhe mit diesem Print zu zeigen und den Rest schlicht zu lassen, also Jeans und weißes T-Shirt. Jeder sollte ein weißes T Shirt bzw. natürlich mehrere besitzen, das ist eins der absoluten Fashion Essentials. Eine schöne Kombination auch zu einem Fashion Event ist eine Lederröhre, High Heels und ein weißes TShirt (je nach Dresscode evtl. noch ein schwarzer Blazer drüber). Die Liste der Outfits wo das weiße Shirt unser Star des Outfits ist, ist endlos. Ich habe ca. 30 weiße T Shirts. Kein Witz. Meine Favoriten sind die von T by Wang und American Vintage.

WAS ZIEHE ICH ZUM DINNER AN?

Hier kommt es natürlich darauf an, wo's hingeht. Wenn ich ins Fischermanns oder Lütticher gehe, darf's ruhig ein bisschen „mehr" sein – da macht's einfach Spaß, sich aufzustylen, das Umfeld und die anderen Gäste tun dies ebenfalls gern. Stylish aber nicht aufdringlich ist ein kurzer Rock und als Kontrast ein Feinstrickpulli dazu ohne Ausschnitt und Absatzschuhe, die mittelhoch sind. Das ist sexy, aber trotzdem anständig. Wer schlau ist, zieht ein Basic Shirt drunter, dann kann man auch danach noch ohne Strickpulli tanzen gehen.

WAS ZIEHE ICH ZUM DATE AN ?

Es kommt natürlich darauf an, wo das Date stattfindet, aber generell gilt: Weniger ist mehr. Ich würde nie einen tiefen Ausschnitt anziehen oder zu hohe Schuhe, das wirkt „easy to get" und ist im Zweifel die falsche Botschaft. Immer richtig liegt man mit der Mittel-Schick Variante; Schmale Hose, Flats, Basic Shirt, Blazer oder Lederjacke. In Accessoires kann man ja noch seinen Modefimmel ausleben; Die farbige Handtasche als Highlight oder eine aufwendige Kette zeigen Selbstbewusstsein.

WAS ZIEHE ICH ZUM SHOPPEN AN ?

Regel Nummer Eins: Was Bequemes, und vor allem easy Schuhwerk! Es gibt ja nichts Schlimmeres als einen Schweißausbruch in einer engen Umkleidekabine, weil die Schuhe nicht schnell genug an- oder ausgehen. Also Mädels, unkomplizierte Looks: Jeans oder Röckchen, T-Shirt ohne Muster oder Druck, Jacke, Ballerinas, Shopper – fertig.

WAS ZIEHE ICH ZUM BUSINESS TERMIN AN ?

Ich liebe weiße Blusen. Das ist auch so ein Phänomen, ähnlich wie beim weißen T-Shirt: Sie sehen immer cool aus, wenn man das Richtige daraus macht. (Ausnahme: Spiesser-Styling mit Ralph Lauren Pferd und Co. ist ja klar.). Ich habe weiße Blusen in und aus jedem Material: Im Sommer Leinen und Transparenz, im Winter eher die Männer-Hemd Variante aus Stretch und festem Stoff. Feste Styling Regel: Immer die ersten 3 Knöpfe auflassen und immer eine Nummer zu groß kaufen, meine Lieblinge habe ich sogar aus der Männer-Abteilung in kleinen Größen.

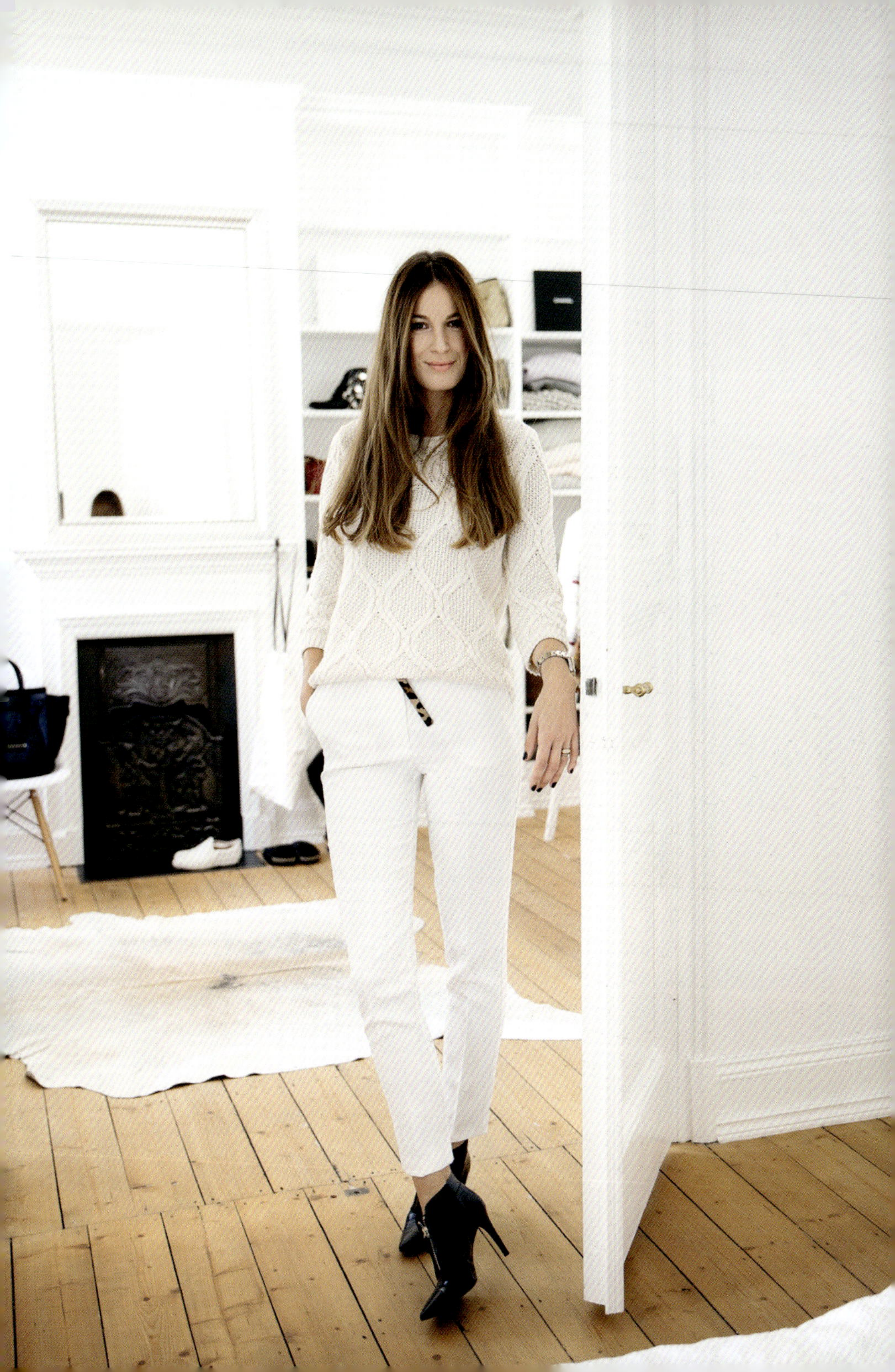

INTER VIEW
DIE LADY

MEHRNAZ GORGES ♡ BLOGGERIN

Mehrnaz Gorges ist die Lady unter den Fashion-Bloggern. Man könnte sich gut vorstellen, dass Herzogin Catherine (besser bekannt als Kate Middleton) ihren Blog zur Inspiration für ihre Looks nutzt. Ihr Style: Klassisch-elegant mit einer stolzen Attitude. Mehrnaz bloggt seit April 2011. Sie versucht, drei bis fünf Artikel pro Woche zu veröffentlichen, so dass spätestens alle zwei Tage neue Inhalte auf dem Blog verfügbar sind. Mehrnaz ist online zu Hause, nicht nur privat, auch beruflich: Ihr „richtiger Job" ist Online-Marketing-Consultant. Ihre Inspirationen holt sie sich bei anderen Bloggern und Street-Style-Blogs. Vor allem Instagram und Pinterest inspirieren sie. Mehrnaz zeigt auf ihrem wunderschönen Blog nicht nur ihre tollen und geschmackvollen Outfits, sondern gibt zudem Shopping- und Reise-Tips. Für alle, die den klassisch-eleganten Schick und Lifestyle lieben, ist Mehrnaz' Blog genau der richtige. Sogar ihr Liebster ist ins Bloggen eingebunden – er fotografiert für sein Leben gern und macht die Fotos für Mehrnaz' Blog.

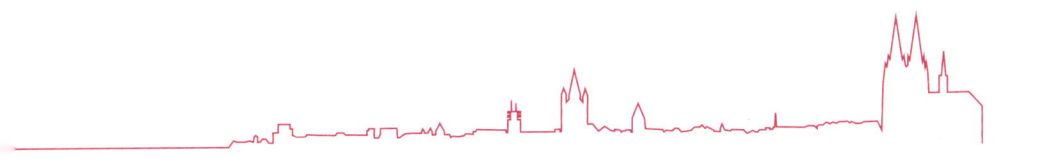

WIE KAMST DU AUF DIE IDEE, ÜBER MODE ZU BLOGGEN?

Das Interesse an einem eigenen Blog ist dadurch entstanden, dass ich gerne andere Blogs gelesen habe und mir oft gedacht habe,

> **Es ist immer besser, ein gutes, hochwertiges Stück zu besitzen, als zehn günstige, qualitativ minderwertige Teile zu kaufen.**

dass ich zu diesem und jenem Thema auch gern etwas sagen würde oder ich hatte eine Idee für ein Outfit dazu. Dieser Wunsch war dann irgendwann so groß, dass ich mich kurzerhand entschieden habe, meine eigene „Modewelt" auf die Beine zu stellen und „Shop Le Monde" ins Leben zu rufen.

ES GIBT JA VIELE MODEBLOGS – WELCHE TIPS HAST DU, DAMIT AUS EINEM MODEBLOG AUCH EIN WIRKLICH ERFOLGREICHER MODE-BLOG, SO WIE DEINER, WIRD?

Es gibt meiner Meinung nach zwei Dinge, die einen guten Modeblog ausmachen: Schöne Fotos und Kontinuität. Es hat keinen Sinn, einen Blog zu starten, wenn man nur zwei- bis dreimal pro Monat bloggt, denn so ist es fast unmöglich, eine Leserschaft aufzubauen. Letztendlich liegt der Reiz am Bloggen ja auch an der Resonanz und dem Austausch mit dem Publikum. Wenn man nur selten postet, kann man zu seinen Lesern keine wirkliche Beziehung aufbauen. So entsteht dann wiederum schnell Frust, und die anfängliche Begeisterung ist oft direkt vorbei. Deshalb rate ich jedem, seinen Blog zu pflegen und Präsenz zu zeigen, auch wenn es anfangs nicht leicht ist.

WAS IST DEIN PERSÖNLICHER STYLE?

Hm, diese Frage ist gar nicht so leicht zu beantworten, denn ich schlüpfe oft in die

INTERVIEW **DIE LADY**

verschiedensten Outfits und würde mich selbst keiner Kategorie unterordnen. So trage ich tagsüber gerne graue Skinny- oder so richtig schön zerschlissene Boyfriend-jeans mit Ballerinas

> **Ein Element findet sich in jedem meiner Outfits wieder: Qualität.**

oder Sneakers. Abends kann es dann aber auch schon mal ein elegantes Kleid oder ein Rock zusammen mit High Heels und einer kleinen Clutch sein. Ein Element findet sich aber in jedem Outfit wieder: Qualität. Ich wähle meine Kleidungsstücke sehr genau aus und trage ausschließlich Naturfasern. Ganz grob zusammengefasst könnte man meinen Stil als „sportlich elegant" bezeichnen.

WELCHE STYLE-TIPS HAST DU FÜR FASHIONISTAS?

Es ist immer besser, ein gutes, hochwertiges Stück zu besitzen, als zehn günstige, qualitativ minderwertige Teile zu kaufen. Eine gute Ledertasche von Givenchy, Chanel oder Liebeskind sieht nicht nur besser aus, sondern ist auch langlebiger als eine Kunststofftasche, die man sich irgendwo mal für ein paar Euro kauft. Außerdem gibt es ein paar Modeklassiker, die jede Frau, egal wie alt oder jung, besitzen sollte. Dazu gehören: Ein guter Trenchcoat, eine schlichte, dunkelblaue Jeans, ein heller Kaschmirpullover, ein paar unifarbene T-Shirts, nudefarbene Pumps und eine schwarze Tote.

WAS SIND FÜR DICH MODISCHE NOGO'S?

Ein gutes Outfit darf nie mehr als zwei Trends auf einmal beinhalten, denn sonst sieht man ganz schnell wie ein „Modeopfer" aus, das keinen eigenen Stil hat. Außerdem finde ich ein gepflegtes Erscheinungsbild und - sofern es zum Look passt - ein schönes Make-up - sehr wichtig. Denn was bringt das schönste Kleid der Welt, wenn Nägel ungepflegt sind und das Haar ganz spröde ist? Abgelaufene Absätze gehören für mich ebenfalls zu einem absoluten No Go, denn auch so kann ein schönes Outfit ganz schnell entwertet werden - ein guter Schuster ist genauso wichtig wie der Frisör meines Vertrauens!

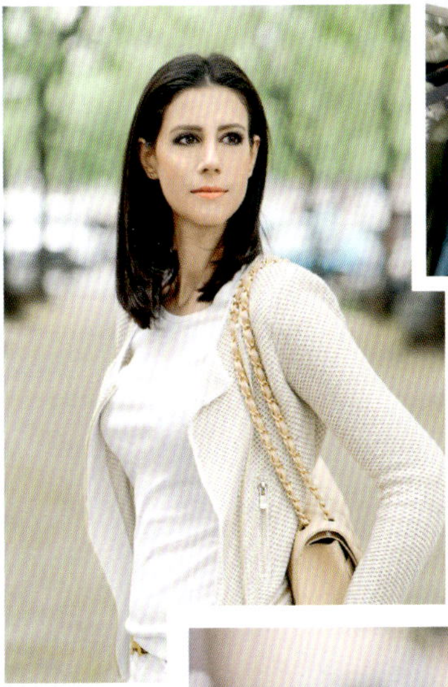

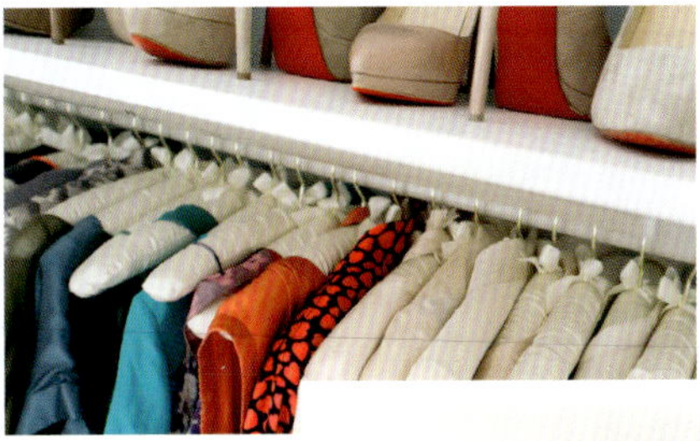

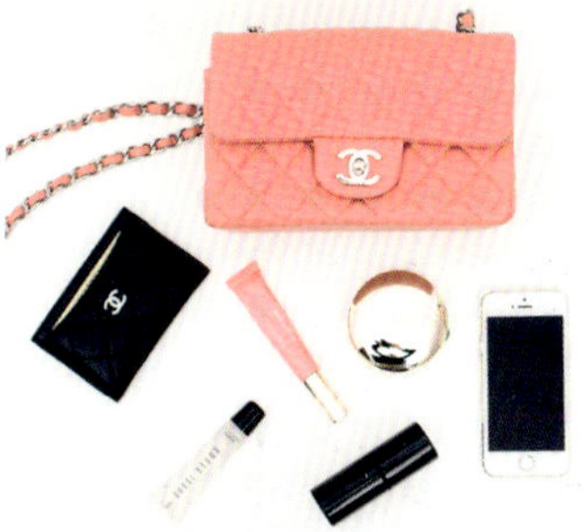

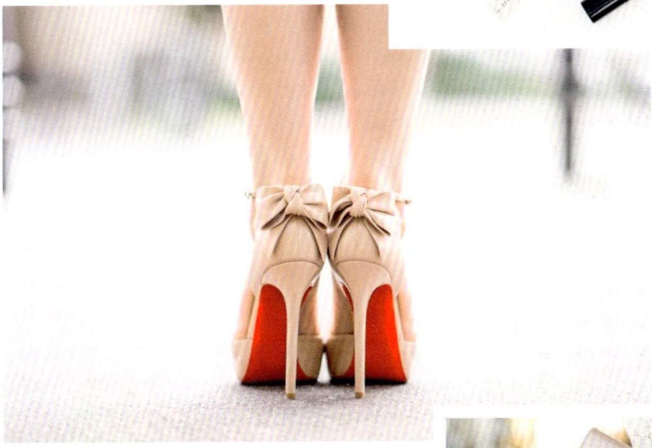

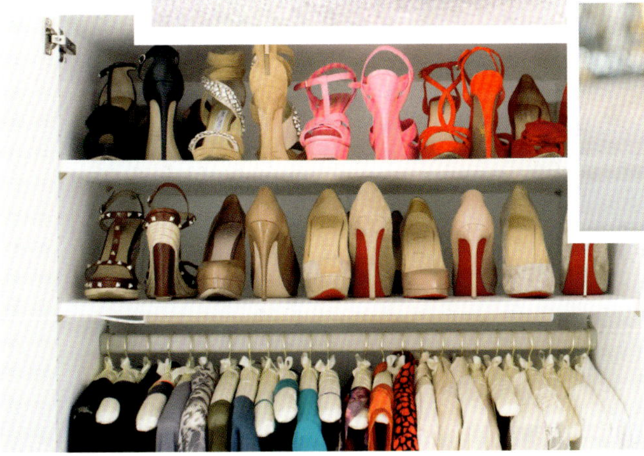

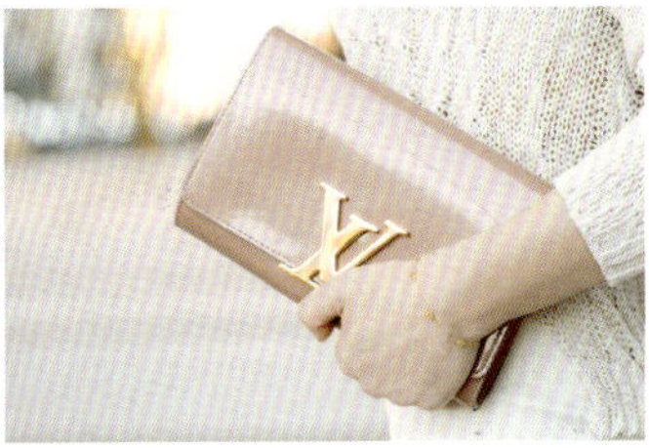

INTERVIEW **DIE LADY**

GIBT ES EINEN „KÖLNER STYLE"? WIE SIEHT DER AUS?

Der Kölner mag es - nicht nur in Sachen Mode - gerne unkompliziert und locker. Aus diesem Grund würde ich den Kölner Style folgender-

> ❝ Es gibt ein paar Modeklassiker, die jede Frau, egal wie alt oder jung, besitzen sollte. ❞

maßen beschreiben: Jeans, Sneakers, T-Shirts und Sweater jeder Art kombiniert mit einer Umhängetasche.

UNTERSCHEIDET SICH DER KÖLNER STYLE VON ANDEREN STÄDTEN?

In München und Hamburg findet man viel mehr Menschen, die sich gerne sehr elegant und klassisch kleiden. Da muss man in Köln schon ganz genau hinschauen bzw. sich an einer gewissen Altersklasse orientieren, um ein solches Publikum überhaupt zu finden.

ALLE SAGEN, IN KÖLN IST MAN SO LÄSSIG UNTERWEGS, LEGT MAN DENN IN KÖLN ÜBERHAUPT WERT AUF STYLE UND MODE?

Auf jeden Fall! Allerdings gilt auch hier: das große Studentenaufkommen und die läs-

> ❝ Ein gutes Outfit darf nie mehr als zwei Trends auf einmal beinhalten, denn sonst sieht man ganz schnell wie ein Modeopfer aus, das keinen eigenen Stil hat. ❞

sige Art der Urkölner prägen den eher sportlichen Look unserer schönen Stadt.

WIE FINANZIERST DU DEINEN STYLE? IST DAS ALLES NICHT RECHT TEUER?

Auch hier gilt: Qualität statt Quantität. Ich versuche, wenig zu kaufen und investiere seit längerer Zeit nur noch in Stücke, von denen ich weiß, dass ich sie auch noch in ein paar Jahren tragen werde. Da ich mir bei jedem Kleidungsstück gut überlege, ob ich es auch wirklich brauche, habe ich kaum noch Fehleinkäufe zu verzeichnen. So habe ich mir mit den Jahren eine kleine, feine Garderobe aufgebaut, die stetig wächst.

> ❝ Ich überlege mir bei jedem Kleidungsstück gut, ob ich es wirklich brauche. ❞

www.shoplemonde.de

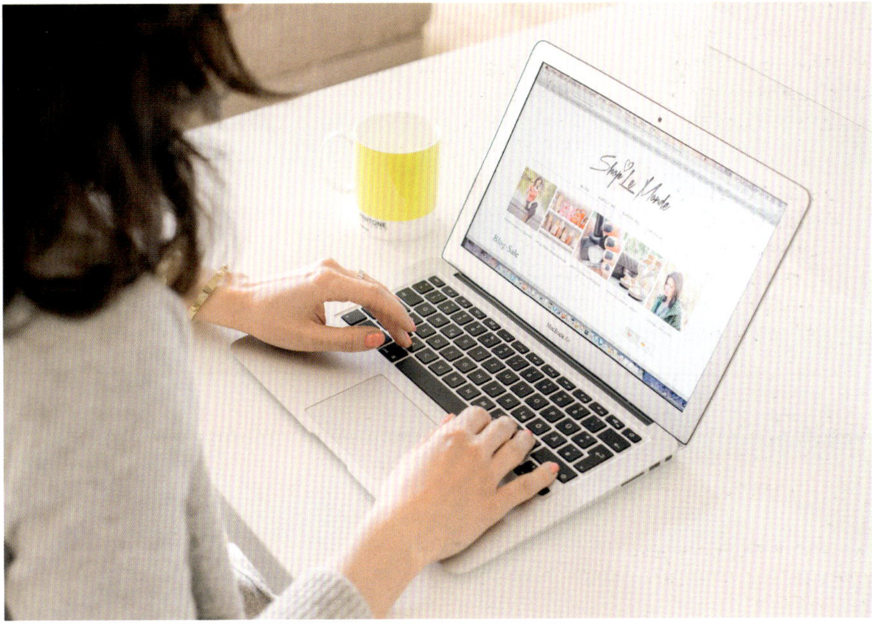

DAS GRUNDKÖLSCHE GESETZ

Das Kölsche Grundgesetz spiegelt sehr gut wieder, wie die Kölner, diese coolen Hunde, ticken. Und es passt hervorragend auch in modischen Belangen.

Et es wie et es.

Es ist wie es ist: Sieh den Tatsachen ins Auge, du kannst eh nichts ändern.

Auch in Sachen Mode ticken wir Kölner so. Wir regen uns nicht über Moden auf, sondern ertragen jede Mode mit stoischer Gelassenheit. Ob Leo-Leggings, Riesenbrillen oder Keil-Latschen, was soll's. Wir sitzen das aus.

Et kütt wie et kütt.

Es kommt, wie es kommt: Füge dich in das Unabwendbare; du kannst ohnehin nichts am Lauf der Dinge ändern.

Die Moden kommen und gehen. Und der Kölner schaut gelassen zu.

Et hätt noch emmer joot jejange.

Es ist bisher noch immer gut gegangen: Wir wissen es ist Murks, aber es wird schon gut gehen.

Egal, wie verrückt die Mode gerade ist, es wird schon irgendwie passen.

Wat fott es, es fott.

Was fort ist, ist fort: Jammer den Dingen nicht nach und trauer nicht um längst vergessene Dinge.

Die Moden kommen und gehen. Und kommen wieder. Mode ist ein Kreislauf. Alles kommt immer. Noch ein Grund weniger, vergangenen, geliebten Moden nicht hinterher trauern zu müssen.

Et bliev nix wie et wor.

Es bleibt nichts wie es war: Sei offen für Neuerungen.

Neue Moden sind immer erst mal gewöhnungsbedürftig. An neue Looks muss man sich oft erst gewöhnen. War es nicht komisch, als zum ersten Mal crazy Girls auf der Straße Ugg-Boots trugen? Oder Leggings? Jetzt gehören diese Dinge zum Alltags-Look. Auch wenn vieles immer wieder kommt in der Mode, wird es immer wieder neue Moden geben, die vorher undenkbar waren. Natürlich ist der Kölner ziemlich aufgeschlossen dafür.

Kenne mer nit, bruche mer nit, fott domet.

Kennen wir nicht, brauchen wir nicht, fort damit.: Sei kritisch, wenn Neuerungen überhand nehmen.

Wenn der Modezirkus zu bunt wird, lacht der Kölner nur. Nicht jeden Quatsch macht der Kölner mit.

Wat wells de maache?

Was willst du machen?: Füg dich in dein Schicksal.

Auch wenn dem Kölner eine Mode oder ein Trend nicht gefällt, regt er sich nicht auf. Er erträgt stoisch den Anblick derjenigen, die sich in seinen Augen fragwürdig kleiden.

Drinks de ejne met?

Trinkst du einen mit?: Komm dem Gebot der Gastfreundschaft nach.

In Köln liebt man es zu feiern. Kein Anlass wird ausgelassen. Ob Shop-Eröffnung, Night-Shopping, Design-Festivals wie "Le Bloc" - die Kölner Shop-Besitzer haben immer wieder gern für jeden Gast ein Gläschen parat.

Do laachs de disch kapott.

Da lachst du dich kaputt. Bewahr dir eine gesunde Einstellung zum Humor.

Der Ernst des Lebens? Darüber lacht der Kölner nur. Nicht umsonst heißt es "Rheinische Frohnatur". Und während die Münchner betont arrogant gucken, der Berliner betont müde und abgewrackt, der Pariser betont süß-elegant, hat der Kölner vor allem eins auf den Lippen: Ein Lachen. Und genau so lacht er auch über die Mode. Egal, was gerade angesagt ist. Er nimmt das einfach alles nicht so ernst.

„Wohlstandsgesetz": Mer muss och jünne könne!

Man muss auch gönnen können.: Sei weder neidisch noch missgünstig!

Wenn die Freundin ihre neueste Klamotte ausführt, die wir vielleicht auch gerne gehabt hätten - uns aber nicht leisten können, ist der Kölner in seinem Denken großzügig. Kein Neid, keine Eifersucht. Er freut sich einfach für den anderen.

Jede Jeck is anders!

Jeder Narr ist anders!: Jeder hat seine eigenen Vorlieben.

Das vielleicht wichtigste Kölner Grundgesetz - denn nirgendwo sonst als in Köln spürt man dieses "Leben und Leben Lassen" so sehr wie in Köln. Und natürlich bezieht sich das auch auf die Mode. Lass jedem seinen Geschmack, lass jeden sich modisch so austoben wie es ihm gefällt, und alles ist gut.

Levve und levve losse!

Leben und leben lassen!: Lass die Menschen so, wie sie sind.

Siehe "Jeder Jeck is anders". Lass die anderen in Ruhe - und sie lassen dich auch in Ruhe. Zwinge niemandem deine Meinung auf. Auch nicht in Sachen Mode. Und genau diese Haltung sorgt in Köln dafür, dass modisch gesehen alles möglich ist, und sich hier jeder modisch austoben und frei fühlen darf.

INTER DER
VIEW KOELREANER

CHANG-ZUN GABRIEL PIERRE-CHANEL CHUNG ♡ DESIGNER & SHOP-BESITZER

Was wäre die Kölner Mode-Szene ohne Chang. Chang könnte man auch in Berlin, London oder Paris finden. Aber er hat, zum Glücke Kölns, die Domstadt als seine Wirkungsstätte auserkoren. Er nennt sich selbst einen Koelreaner und spielt damit auf seine Herkunft Korea an. Drei Herzen schlagen in seiner Brust, ein koreanisches, ein cosmopolitisch-internationales und ein kölsches. All das spiegelt sich auch in seinen Designs, seinen Kunst-Objekten und seiner Mode wieder. Sein Laden im belgischenViertel lädt immer wieder ein zu Musik-Sessions befreundeter Künstler, z.B. die Sängerin „Mariama", oder man bestaunt die aufwendig und liebevoll inszenierten Kunst-Installationen von und mit Holger Weddige. So wächst dann schon mal über mehrere Wochen ein Kunst-Baum (der sogenannte "Changtree") in seinem Atelier, der mit hunderten kunstvoll gefalteten Papierservietten und einer spektakulären Lichtinstallation zum Leben erweckt wird.

Chang lebt für die Mode und für die Kunst. Er ist immer im Style-Dienst unterwegs. Sein Motto: 24h Mode – oder gar nicht. Für ihn sind Fashion, Design, Mode vor allem Spaß, Lebenslust, Experimentierfelder und ein Weg, sich auszudrücken. „Witziger kann das Leben nicht sein, und Lachen macht glücklich.", sagt er. „Mode ist auch immer Ironie. Die schönsten Komplimente bekommt man doch, wenn man sich so richtig Scheiße fühlt. Mit fettigen Haaren und Ringen unter den Augen. Das betone ich dann einfach mit einer Lederjacke und einem Coffee-to-go. So einfach zaubere ich einen Bohème-Pariser-Look. Fehlt dann nur noch die lange Baguettestange."

Chang ist ein Fashion-Unikum, ein Wort-Poet und Mode-Philosoph. Seine Mode ist nicht nur Mode, sondern immer auch Message und Geschichte. Chang und seine Designs sind alles andere als konventionell. Chang hat sich schon als Teenager als Designer ausgetobt: „Mit 15 habe ich T-Shirts und Hüte handbemalt. So fing alles an."

Bei seinen eigenen Designs setzt Chang auf Qualität und maßgeschneiderte Paßformen. Er bietet in seinem Shop Fashion-To-Go an, aber jeder Kunde kann sich von ihm auch individuelle Teile auf Wunsch und Maß von ihm anfertigen lassen. Kooperationen und Auftragsarbeiten für die Industrie ergänzen das Portfolio des Köln-Koreanischen Unikums. Seine besondere Liebe zu Köln brachte Chang mit seinen berühmten 4711-Seidenkleidern zum Ausdruck. 4711, das Echt Kölnisch Wasser, in seinem weltweit bekannten gold-grünen Design war hier die Vorlage für luftige Kleider.

> **Das mit der Mode war eher ein Unfall. Das Arbeitsamt empfahl mir in meiner Jugend, Kunst zu studieren, Taxifahrer zu sein oder reich zu heiraten.**

INTERVIEW **DER KOELREANER**

WIE KAMST DU ZUR MODE?

Es war ein Unfall. Ich wollte eigentlich Kunst studieren. Und da riet mir das Arbeitsamt, ich müsste nebenbei Taxifahrer sein. Oder reich heiraten. Sonst wäre es brotlos. Aber das gefiel mir alles nicht, und in meiner Sturm- und-Drang-Zeit entschied ich mich auch gegen die Wunschvorstellungen meiner Eltern, vielleicht Chirurg, Frauenarzt, Architekt oder Priester zu werden. Ich sah meine Zukunft irgendwo zwischen Popstar und Kunst, ich wollte alles selbst gestalten – und so kam mir die Idee, Mode zu studieren, in den Sinn. Und das kam mir auch durchaus sehr vernünftig vor.

HAST DU DESIGN STUDIERT?

Ja, das komplette Programm - Studium, Mode, Praktikum, Paris, London, Modeln, Kellnern.

WARUM HAST DU DICH ENTSCHIEDEN, DEINE EIGENEN DESIGNS ZU MACHEN?

Not macht erfinderisch - meine Eltern verschwiegen mir, dass man Taschengeld bekommt. So schlachtete ich unseren Kleiderschrank und nähte mir meine ersten Gaultier- und Versace-Teile aus Papas Jacken und Mamas Kleidern.

> **Mode muss glücklich machen!**

Die Geschichte der Lemminge hat mich inspiriert und so fing ich an, meine eigene Welt zu schaffen und gegen den Strom zu schwimmen. Meine kleine Reise damals bewegte mich dazu, alle drei Monate die „Randgruppen" zu wechseln und hat mich auch modisch geschult - vom Punk, Skin, Grufti, Waver, Popper, Metaller, Nonni usw. Der Weg über Modedesign war für mich irgendwie vernünftiger als Kunst zu studieren, weil man sich beim Modedesign genauso austoben kann wie in der Kunst. Und dann kam irgendwann Madonna in mein Leben, von der ich mir viele Inspirationen verinnerlicht habe. Ich hatte direkt ein paar Tage Schulverbot. In Unterwäsche geht man schließlich nicht in die Schule...

WAS IST DEIN STYLE?

You will like my sense of style ! Der CHANG-Style: Ich liebe es, alles etwas „drüber" zum Alltag zu machen. Immer anders. Nie konventionell. Mein Style bewegt sich immer zwischen Maximalismus und Minimalismus. Das Paris-Top aus meiner Kollektion begleitet mich schon das ganze Jahr und spiegelt meinen Style wieder. Ich liebe es, der moderne "Chan d´arc" zu sein.

IST ES SCHWER, IN DER MO-DEBRANCHE ALS DESIGNER MITZUHALTEN?

Nun ja. „Fashion is a Bitch" - Du liebst sie oder sie bitched dich. Man muss diesen Job lieben und durchhalten – und auch hart im Nehmen sein. Man muss es wirklich wollen – bis der Tod uns scheidet. Rückschläge gibt es immer. Ich bin selbständig und probiere alles mal aus, es sind noch weitere Türen offen. Aber die Neugier und der Drang, die Welt verändern zu wollen, ist das Notwendigste, um in dieser Branche zu überleben. Re-Invention im Hirn ist einer der Schlüssel dazu. Dinge auch unlogisch logisch zu bedenken und Unverständnis einfach verständnisvoll zu transformieren.

WER TRÄGT DEINE AUSGEFALLENE MODE?

Meine Mode tragen „Wonder Women" und „Steve Trevors" (Anm. d.R.: Comic-Helden). Menschen die ihre Träume verwirklichen wollen und spielerisch ausleben. Ich bin aber immer wieder selbst überrascht, dass sich in den mittlerweile 11 Jahren, in de-

> ❝ **Fashion is a Bitch - Du liebst sie oder sie bitched dich. Man muss diesen Job lieben und durchhalten – und auch hart im Nehmen sein.** ❞

nen ich meine Designs anbiete, eine bunt gemischte Bandbreite an Kunden etabliert hat. Meine Mode ist eine Mischung aus Avantgarde und Eleganz, mit einem Hauch Asia und sogar etwas Hauch Couture. Ich sehe es als einen Balanceakt zwischen farbenfrohem Minimalismus und sportlicher Nonchalance. Eigentlich eine spannende Sache, dass meine Mode viele Gruppen inspiriert und anzieht. Meine Kunden kommen teilweise aus aller Welt, aus anderen Ländern und Städten, sie sind alle Kosmopoliten, aber ich habe auch viele Kunden aus der direkten Nachbarschaft. Das Social-Network hier in Köln schaut auch gern bei mir vorbei. Meine Kunden kommen aus allen Altersschichten. Eins haben sie gemeinsam: Sie sind neugierig und selbstbewusst - und oft selbst sehr kreativ. Viele Kunden haben eigene Ideen und Wünsche, die ich ihnen dann mit meinem Knowhow und mit ein bisschen Feenstab-Schwingen umsetzen kann. Mein Motto: Nichts ist unmöglich!

WORAN ORIENTIERST DU DICH BEI DEINEN DESIGNS?

Ich orientiere mich an meiner „Past, Present and Future". Meine Geschichte, Herkunft,

INTERVIEW **DER KOELREANER**

Erlebnisse und Umgebung prägt meine Looks. Ich recherchiere gerne Worte und brainstorme und spiele damit. Da verknüpft sich dann ganz viel. Ich liebe die 50iger, 60iger und Futuristisches ganz besonders. Ich liebe Kinofilme und Musikvideos, da fließen bei mir so viele visuelle Stimulationen, die meinen Hirnstrom anregen, Geschichten stofflich zu erzählen. Ich komme aus der MTV-Generation, die mich sehr geprägt hat.

WIE ARBEITEST DU?

Ich bin kreativ -chaotisch, aber dabei stets dramatisch strategisch, kommunikativ und nachwirkend. Und ich liebe es, ohne Grenzen zu arbeiten, mich mit Kreativen aus aller Welt auszutauschen. Das Zeitalter von Facebook Twitter, und Instagram erleichtert mir die internationale Zusammenarbeit enorm.

WELCHE TIPS HAST DU FÜR DIEJENIGEN, DIE AUCH MODE-DESIGNER WERDEN WOLLEN?

„Fashion is a bitch" - wenn es dein Traum ist, musst du es leben - 'til death do us part ! Lerne alle Techniken und Strategien der Branchen, die verschiedenen Handwerke und dann kann man leiten

> **Ich liebe Kinofilme und Musikvideos, da fließen bei mir so viele visuelle Stimulationen, die meinen Hirnstrom anregen, Geschichten stofflich zu erzählen.**

und kontrollieren. Fashion ist ein Krieg mit dramatischen Wendungen. Ein fitter Körper und ein fitter Geist sind die wichtigsten Ausgangspositionen. Wer einmal rastet, der rostet, daher sollte man jede Emotionen in Kreativität kanalisieren.

HAST DU LIEBLINGS-DESIGNER? MODISCHE VORBILDER?

Das wechselt alle Jahre wie die Mode. Ich mag eher Persönlichkeiten, die spielerisch mit der Mode umgehen: MADONNA, KYLIE MINOGUE und WONDER WOMAN. Morgens würde ich in Versace meinen Kaffee trinken, in Gucci duschen, in Louboutin arbeiten , in Burberry dinieren und in Dior von Galliano träumen. In Mugler-Rüstung den Hund Gassi führen und in Chanel Poledancen. In einer der Wangs meine Nudelsuppe snacken.

WAS SIND DEINE LIEBLINGSSHOPS IN KÖLN?

Ich mag Bob 10.5.10 gerne, der Besitzer mit Chihuahua namens Kenny, hat ein besonders gutes Gespür für Avantgarde - Männermode. Er ist ein Style-Experte , der sich optisch selbst in Szene setzt und anderen zum guten Look verhilft. Herrlich herzlich zum Sticken gern die Boutique Frau Kayser, Boutique Belgique lacht mit pink -orangenm Herzen jeden Tag auf meinem Heimweg. Und mein Shop und Herz #HOUSEOFCHANG - mein „Chang-you" für meine Kunden. Ich liebe das belgische Viertel - ich liebe „Le Bloc" !

> **Man sollte jede Emotion in Kreativität kanalisieren.**

WELCHE MODISCHEN FAUXPAS KANNST DU NICHT VERZEIHEN?

Diese australischem Lammfellschuhe und Crocodile -Clogs sind unheimlich. Alles, was gehyped wird, ist zu Tode hässlich. Das sind für mich NoNoNooooGo's. „Lemming-Style", also wenn alle das Gleiche tragen, ist für mich ein No-Go. Alles nur im Trend ist für mich gänzlich NoGo-Deluxe. Oft betrachten wir ja rückwirkend die eigenen Looks als Fashion-Fauxpas. Aber ich liebe es, Fashion-Fauxpas gehabt zu haben, es ist ein herrlicher Inspirations-Pool.

GIBT ES EINEN "KÖLNER STYLE"?

Der Kölner ist modisch sehr durchmischt. Meine 4711-Seidenkleider treffen den Kölner Look natürlich total. Der Kölner liebt das Fröhliche. Ein Trend bei Kölner Männern sind die Rick Owen Key-Looks, bei Friseuren, Anwälten und Fashion-Profis sind die derzeit voll im Trend. Bei den Kölner Frauen herrscht zur Zeit eine Mischung aus High-Fashion-Blog-Style und Tante-Patchwork-Style vor. Und wir Läden, wir sind und machen natürlich den Kölner Look.

IST KÖLN EINE MODISCHE STADT?

Ja, sie war ja früher Gastgeber-Stadt der Interjeans und sie war sogar Geburtsstadt der berühmten Bread & Butter Streetstyle-Messe, die mittlerweile nach Berlin gewandert ist. Köln entwickelt sich ständig weiter. Die Mode-Metropolen Antwerpen, Paris und London liegen ja auch ganz nah und sind schnell zu erreichen.

WAS WÜRDE EIN KÖLNER NIE KAUFEN?

Haha, wahrscheinlich ein bedrucktes T-Shirt aus Düsseldorf.

ERKENNST DU, OB EIN KUNDE AUS KÖLN IST?

Absolut, das erkenne ich an Gespür, Gesicht und Akzent.

www.chang13.de

Die Magie eines neuen Outfits:
Warum Frauen immer neue Klamotten brauchen

Ein neues Outfit mit neuen Klamotten hat immer eine besondere Magie. Wenn man sich etwas Neues zum Anziehen gekauft hat und das dann das erste Mal ausführt, das ist jedes Mal ein grandioses Ereignis. Man fühlt sich einfach Bombe damit, wie neu geboren und wie frisch aus der „InStyle" geschlüpft. Man geht auch ganz anders irgendwie. Man bildet sich ein, neidische Blicke allerorts zu spüren, und man hört es in der ganzen Stadt flüstern und wispern: „Boah, sieht die Hammer aus, ist sie Model?" Höchst interessant istdann die Metamorphose dieses Outfits. Es verändert sich nämlich. Und zwar gnadenlos. Denn wenn man exakt dasselbe Outfit ein paar Tage später wieder anzieht, ist die Wirkung völlig verpufft! Als wäre die Prise Magie dieser Klamottenkombination, in der wir uns noch ein paar Tage zuvor wie Cara Delevigne höchstpersönlich gefühlt haben, mit der ersten Runde in der Waschtrommel gnadenlos weggespült worden. So, wie du dich in einem neuen noch niemals ausgeführten Outfit fühlst, wirst du dich nie wieder fühlen.

"Wenn du beeindruckende Sachen trägst, hast du ein interessanteres Leben."

Vivienne Westwood, Britische Designerin

Also, was lernen wir daraus? A) Genieße diesen Zauber des ersten Klamotten-Mals. Und B) Wir brauchen immer und ständig neue Klamotten! Denn vielleicht ist genau das der Grund, warum wir Frauen immer vor unseren aus allen Nähten platzenden Kleiderschränken stehen und jammern, wir hätten nichts zum Anziehen. Weil uns der Kick fehlt. Wir wollen und brauchen diesen „Yeah-ich-fühle-mich-großartig-Kick". Und den haben wir nun mal nur mit neuen Klamotten. Da können uns die alten Klamotten im Schrank noch so sehr anlächeln und die Hemdsärmel freundlich zuwinken und die Röckchen ihre Säume keck hin und her wippen, nein, keine Chance. Und deshalb müssen wir auch immer shoppen gehen. Es ist wie eine Droge, das mit den neuen Klamotten.

INTERVIEW
DIE SMARTE FASHIONISTA

CHARLOTTE KAHLERT ♡ BLOGGERIN

Charlotte bloggt seit Anfang 2012. „Hauptberuflich" ist sie Veranstaltungskauffrau und BWL-Studentin, ihre Leidenschaft für Mode lebt sie in ihrem tollen Blog aus. Ihr Stil: Hip und urban. Sie präsentiert InStyle-Looks in Perfektion. Charlottes wichtigstes Anliegen: Mode ist kein Luxus. Man muss keine teuren Designer-Teile besitzen, um gut und stylish auszusehen.

„**Mode** ist kein **Luxus** und ich zeige immer wieder gerne, dass man sich auch für **kleines Geld gut kleiden kann.**"

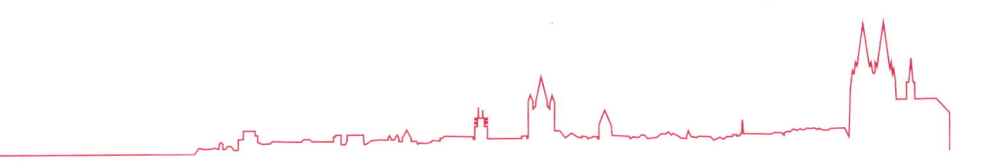

WIE KAMST DU AUF DIE IDEE, DEINEN EIGENEN MODEBLOG ZU STARTEN?

Bevor ich Important Part gegründet habe, habe ich selber verschiedene Modeblogs gelesen. Außerdem hat es mir immer viel Spaß gemacht, das Internet nach den Looks von Lauren Conrad, Olivia Palermo und Co. zu durchstöbern. Da kam mir die Idee, dass es als modebegeisterte Frau kein schöneres Hobby geben kann, als die eigenen Outfits mit Modefans zu teilen. Ich gebe mir große Mühe, alle zwei Tage ein neues Outfit auf meinem Blog zu zeigen. Am liebsten würde ich jeden Tag ein neues Outfit präsentieren, doch leider ist das aufgrund von Zeitmangel nicht möglich.

BIST DU EIN MODISCHES VORBILD FÜR ANDERE?

Ich denke schon, dass ich für meine Leser ein modisches Vorbild bin, da ich positives Feedback für meine Out-

> **❝ Wenn man jedem Trend blind folgt, geht das Gespür für den eigenen Style verloren. ❞**

fits bekomme. Und natürlich ist es schön, wenn man andere inspirieren kann. Mir ist es zudem wichtig, dass die Kleidungsstücke, Schuhe und Accessoires, die ich meinen Lesern präsentiere, erschwinglich sind. Natürlich kann mal ein teures Teil dabei sein, aber Mode ist kein Luxus. Ich zeige immer wieder gerne, dass man sich auch für kleines Geld gut kleiden kann.

WIE VIEL TRAFFIC HAST DU JEDEN MONAT?

Im Monat komme ich auf ungefähr 11.000 Klicks pro Tag knacke ich eigentlich immer die 300ter Grenze, worauf ich sehr stolz bin. Ich fiebere jeden Tag mit und freue mich über jeden Klick. Morgens nach dem Aufstehen schaue ich immer direkt, wie viele Klicks mein Blog am vorherigen Tag bekommen hat.

INTERVIEW **DIE SMARTE FASHIONISTA**

WELCHE ERFOLGS-TIPS HAST DU FÜR ANGEHENDE MODE-BLOGGER?

Man muss sehr fleißig sein und am Ball bleiben. Jeder Anfang ist schwer. Das Bloggen ist vom Aufwand her nicht zu unterschätzen. Hinter jedem einzelnen Blogpost steckt viel Arbeit, weshalb es sehr wichtig ist, dass man Spaß am Bloggen hat. Außerdem sind Social-Media Kanäle wie Instagram und Facebook sehr hilfreich, um potenzielle Leser auf den eigenen Blog aufmerksam zu machen. Neben Facebook und Co. gibt es aber auch zahlreiche Modeplattformen wie Chicisimo, über welche man seinen Blog verbreiten kann.

WIE WÜRDEST DU DEINEN PERSÖNLICHEN STYLE BESCHREIBEN? WIE SIEHT DER CHARLOTTE-LOOK AUS?

Ich würde meinen Style als elegant, aber trotzdem lässig bezeichnen. Ich trage gerne hohe Schuhe und Röcke. Meine Outfits sind aber nicht überladen, sondern zeichnen sich meistens durch ein besonderes Teil aus.

> **Ein großer Teil meines Monatseinkommens geht für Kleidung, Schuhe, Accessoires und Kosmetik drauf.**

WOHER KOMMT DENN DEINE LIEBE ZUR MODE?

Die Liebe zur Mode war schon immer da. Ich hatte einfach immer Spaß daran, mich schön anzuziehen. Schon in der Grundschule habe ich mir über Kleidung Gedanken gemacht. Ich wollte immer schick aussehen und mich in meiner Kleidung wohlfühlen. Das ist heute immer noch so.

WER IST DEIN PERSÖNLICHER STYLE-GURU?

Ich liebe den Style von Olivia Palermo. Sie hat wahnsinnig viel Stil und sieht einfach immer toll aus. Besonders gefällt mir, dass Olivia öfter mal zu günstigeren Labels wie Zara greift.

LEGT MAN IN KÖLN VIEL WERT AUF STYLE UND MODE?

Köln ist zwar nicht die modischste Stadt, meiner Meinung nach legt man in Köln aber durchaus Wert auf Style und Mode. Ein Beweis dafür ist, dass die Schildergasse die meistbesuchte Einkaufsmeile in Deutschland ist.

WIE FINANZIERST DU DEINEN STYLE? IST DAS ALLES NICHT RECHT TEUER?

Das ist eine gute Frage. Da ich Studentin bin, ist mein monatliches Shopping Budget nicht allzu groß. Es fällt mir immer wieder schwer, mich beim Shoppen zu bremsen, und so geht schon ein großer Teil meines Monatseinkommens für Kleidung, Schuhe, Accessoires und Kosmetik drauf. Um meinen Geldbeutel ein wenig zu schonen, verkaufe ich regelmäßig Kleidungsstücke bei Kleiderkreisel. Das eingenommene Geld wird aber natürlich wieder in neue Kleidungsstücke investiert.

BRAUCHST DU LANGE, UM DAS PERFEKTE OUTFIT ZU FINDEN?

Eigentlich nicht. Seit ich mit dem Bloggen begonnen habe, bin ich viel stilsicherer geworden. Tage, an denen ich gefühlte 100 Jahre vor meinem Kleiderschrank stehe und einfach nichts zum Anziehen finde, gibt es nur noch selten.

WIE SIEHT DEIN TYPISCHES PARTY-OUTFIT AUS?

Mein typisches Party-Outfit besteht aus einer Bluse kombiniert zu einem Rock, einer Shorts oder einer Hose. Wichtig ist mir bei solch einem schlichten Look, dass ich ein Highlight durch eine tolle Kette, Ohrringe oder Pumps setze. Meine Haare trage ich meistens offen mit leichten Locken und meine Lippen schminke ich besonders gerne in mattem Rot.

www.importantpart.de

Ultimative Style Tipps

WIE ENTWICKLE ICH MEINEN EIGENEN STIL?

Man muss nicht jeden Trend mitmachen, um modisch oder stylish auszusehen. Denn wer jeden Trend mitmacht, sieht a) aus wie alle anderen (langweilig!) und b) steht nun mal nicht jeder Trend jedem. Zuallererst müssen wir also wissen, was uns wirklich steht. Was nicht heißt, dass wir auch einfach mal drauf los probieren können. Aber wer Blumenkleider kleinmädchenhaft findet und sich in Leggings unwohl fühlt, der wird darin nie gut aussehen - selbst wenn das Outfit exakt so zusammen gestellt ist wie in einer Mode-Zeitschrift. Mode-Zeitschriften und der Stil von Freunden oder Mode-Ikonen, die du bewunderst, sind für dich Inspiration und Vorlage - aber keine Vorschrift. Niemand wird dich dafür bewundern, dass du aussiehst wie aus der InStyle entsprungen, wenn man nicht ausstrahlt, dass man sich wohlfühlt.

„Frauen die Möglichkeit der Veränderung zu geben, ist meine Lebensaufgabe. Mit der richtigen Wahl bei Mode, Beauty und Duft gebe ich jeder ihr Drama, auch den Mauerblümchen!"

Michael Kors, US-Amerikanischer Designer

WENN DU DICH NICHT WOHL FÜHLST IN DEINEM OUTFIT, DANN LASS ES SEIN.

Mehr muss man dazu nicht sagen, oder? Nichts macht ein Outfit mehr kaputt, als wenn die Trägerin oder der Träger ständig am zu kurzen Rock zieht, den Bauch einzieht oder sonstwie daran rumzuppelt. Meistens ist es das Auftreten, dass den Unterschied macht. Wer sich in einem Rollkragenpullover wohl fühlt, strahlt das auch aus - und wirkt viel umwerfender als jemand im teuren, engen Designerkleid, der sich darin nur unsicher quält.

WIE KOMME ICH MIT KNAPPEM MODE-BUDGET ZURECHT?

Man muss nicht ständig viel Geld ausgeben, um toll gestyled zu sein. Hierfür gibt es ein paar simple Regeln:

EIN KLASSISCHES OUTFIT (Z.B. JEANS, BLAZER, PUMPS) KOMMT NIE AUS DER MODE.

Damit ist man immer gut angezogen. Klassische Teile, die gut sitzen, müssen auch nicht teuer sein. Wenn etwas perfekt sitzt, dir gut steht und du dich darin wohl fühlst, dann wirkt es auch teuer. (Das gilt umgekehrt übrigens genauso!)

DIE INVESTITION IN EIN PAAR GUTE BASICS LOHNT SICH IMMER

(z.b. gute klassische Jeans, Trenchcoat, das kleine Schwarze). Diese Teile sehen immer gut aus, und können über Jahre getragen werden. Sie passen zu jedem Trend.

> "Ich bin gegen Mode, die vergänglich ist. Ich kann nicht akzeptieren, dass man Kleider wegwirft, nur weil Frühling ist."
>
> Coco Chanel, Französische Designerin

RECYCLEN IST COOL.

Heute rümpft man nicht mehr die Nase, wenn man ein Teil über Jahre trägt oder es nach einiger Zeit wieder aus dem Kleiderschrank zieht. Alt mit neu mischen ist angesagt. Nachhaltigkeit ist auch bei der Mode ein Thema.

KOMBINIERE CLEVER:

Niemand will immer wieder die gleichen Klamotten tragen. Trotzdem können wir unser kleines Schwarzes auf jeder Party tragen, ohne dass es jemandem auffällt, wenn wir es immer wieder neu stylen mit günstigeren Trend-Artikeln. Angesagter Mode-Schmuck, Lederjacke, mal Stiefel, mal Pumps. So kannst du immer wieder neue Outfits zaubern.

> "Ich weiß nicht, wer die hohen Absätze erfunden hat, aber alle Frauen verdanken ihm eine Menge."
>
> Marilyn Monroe, US-Amerikanische Film-Ikone

WAS BRAUCHE ICH UNBEDINGT?

Jeder braucht eine perfekte Jeans, die Beine und Hintern perfekt in Szene setzt. Jeder braucht ein paar gut sitzende einfache T-Shirts. Jede Frau braucht ein kleines Schwarzes, das sie mal cool und mal schick stylen kann. Jeder Frau braucht eine gute Jacke oder den perfekten Mantel. Jeder braucht gute Schuhe.

TRY IT, BABY!

Es ist gut, wenn wir wissen, was uns steht. Und meistens haben wir damit auch Recht. Trotzdem lohnt es sich immer wieder mal, neue Looks auszuprobieren. Probiere ruhig mal ein bodenlanges Hippie-Kleid an, auch wenn du glaubst, dass dir das nicht steht. Probiere ruhig mal flache Schuhe, auch wenn du glaubst, dass das deine Beine kurz macht. Probiere mal ein Muster, was du sonst nie tragen würdest. Du wirst sicher das eine oder andere entdecken und staunen!

Wir alle kennen den Spruch: Kleider machen Leute. Mit jedem Outfit wirkst du anders und wirst anders wahrgenommen - probiere alle Looks aus und lass dich überraschen. Spiele ruhig damit. Das Tolle an der heutigen Zeit ist, dass in Sachen Mode alles möglich ist. Erlaubt ist, was gefällt. Hab Spaß an Fashion, sei mutig – später wirst du Dich „zu alt" fühlen für manche Looks und bereuen, es nicht als junge Frau getragen zu haben.

SHOPPEN GEHEN ODER ONLINE BESTELLEN?

Beides hat Vor- und Nachteile. Beim Bestellen im Internet läuft man gern Gefahr, zu viel zu bestellen, und wenn die Teile dann gut passen, behält man sie, obwohl man es sich vielleicht gar nicht leisten kann. Ein weiterer Knackpunkt: Auch Teile, die vielleicht nicht ganz optimal passen, behält man gerne mal, weil man zu faul ist, zur Post zu gehen und die Retoure zurück zu senden - vor allem wenn man auf das ersehnte Paket so lange gewartet hat. Vorteil ist: Man kann auch nach Ladenschluss shoppen, man kann in Ruhe anprobieren und die neuen Teile mit vorhandenen Pieces aus dem eigenen Kleiderschrank kombinieren - und so direkt prüfen, ob das Teil gut in die vorhandene Garderobe passt. Shoppen gehen ist aber einfach viel toller, vor allem weil man die Beute dann gleich mit nach Hause nehmen kann, eine schöne Tüte durch die Stadt spazieren trägt, mit Freundinnen Zeit verbringt.

Beim Bestellen muss man oft tage- oder wochenlang warten. Das geht nur, wenn man das Teil sonst nirgendwo anders findet.

INTER VIEW
DER — FASHION-EXPERTE

LEONARD DOBROSHI ♡ SHOPBESITZER, „SALON SAHNESTÜCK"

Zusammen mit seiner Frau Lena Terlutter gehört Leonard Dobroshi zu den unangefochtenen „Mode-Paten" des belgischen Viertels. Angefangen hat alles 2007 mit seinem mittlerweile legendären „Salon Sahnestück". Der Laden, der früher ein Friseursalon war, ist bei den Kölner Fashionistas Kult, kein Ausflug ins Belgische Viertel ohne nicht wenigstens kurz im Sahnestück vorbei zu schauen.

Das Konzept: Coole, angesagte und trotzdem tragbare Klamotten, die man in der Zusammenstellung und Auswahl nirgendwo anders findet. Hinzu kommt die kultige Atmosphäre des Ladens. Hier könnte man stundenlang stöbern. Alles, nur nicht Mainstream.

Mittlerweile hat Leonards „Salon Sahnestück" drei „Geschwister" in unmittelbarer Reichweite: Zusammen mit seiner Frau Lena Terlutter hat er die ebenfalls bei den Mode-Fans sehr beliebten Läden „Boutique Belgique", „Super-Store" und „BB Loves" eröffnet.

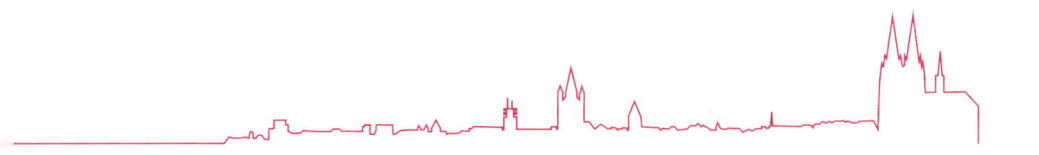

IST ES DENN SCHWER, EINEN EIGENEN LADEN AUFZUZIEHEN?

Wenn man etwas wirklich will, schafft man es. Das ist schon immer mein Credo gewesen, daher nein, es ist nicht schwer - aber es ist verdammt viel Arbeit.

WORAN ORIENTIERST DU DICH MIT DEINEM ANGEBOT? AM KÖLNER STYLE ODER EHER "ÜBERREGIONAL" ODER INTERNATIONAL?

Es ist ein Mix aus Beidem, natürlich ist der Kölner Style eine wichtige Inspirationsquelle für den Einkauf, schließlich kommen unsere Kunden größtenteils aus Köln. Aber ich lasse natürlich internationale Trends nicht außer Acht, man muss die Kunden ja auch überraschen und begeistern.

> **Man muss die Kunden überraschen und begeistern.**

SIND DEINE KUNDEN ALLE KÖLNER?

Die Meisten aus Köln, aber wir haben mittlerweile eine große Fanbase, da kommen teilweise ganze Grüppchen aus Berlin, Hamburg oder Stuttgart. Das ist echt Wahnsinn!

WAS BIETEST DU DEINEN KUNDEN BESONDERES?

Wir bieten eine fein selektierte Auswahl an Trend- und Streetwear-Looks. Vor allem ist aber das bei uns so besondere Einkaufserlebnis mit viel Charme und Kundennähe ein Erfolgsfaktor.

GIBT ES BESTSELLER IN DEINEM ANGEBOT, WAS WIRD SOZUSAGEN IMMER GEKAUFT?

Ja, es gibt tatsächlich Bestseller. Das sind Schmuck und flache (!) Boots. Wir haben eine tolle Auswahl an Lederstiefeln für jeden Tag, das lieben unsere Kunden.

INTERVIEW **DER FASHION-EXPERTE**

WELCHE TIPS HAST DU FÜR DIEJENIGEN, DIE AUCH EINEN LADEN AUFMACHEN WOLLEN?

Man sollte sich nicht verschulden, sondern erst mal ein gewisses Startkapital haben, um einen solchen Schritt zu gehen. Und man sollte wirklich bereit sein, rund um die Uhr, 24/7 in seinem Store zu arbeiten.

> **Vor allem ist aber das bei uns so besondere Einkaufserlebnis mit viel Charme und Kundennähe ein Erfolgsfaktor.**

WAS SIND DEINE KÖLNER LIEBLINGSSHOPS?

Natürlich die von mir und meiner Frau Lena - Boutique Belgique, BB Loves, Super Store und Salon Sahnestück.

DU ALS MODE-PROFI: KANNST DU EINEN „KÖLN-SPEZIFISCHEN STYLE" ERKENNEN?

Ich würde sogar sagen, es gibt einen „Veedel-Style". Die Leute aus Ehrenfeld kleiden sich anders als z.B. die Leute aus der Südstadt - das ist echt interessant.

KÖLN IST JA NICHT UNBEDINGT BEKANNT DAFÜR, EINE MODESTADT ZU SEIN. LEGT MAN DENN IN KÖLN ÜBERHAUPT WERT AUF STYLE UND MODE?

Absolut, das sehen wir ja in unseren vier Läden jeden Tag. Wir haben unheimlich viele stylishe Kunden, die irre viel Wert auf ihre Kleidung und ihren Look legen.

IST KÖLN AN SICH EINE MODISCHE STADT?

Ich würde sagen, Köln ist eine sehr szenige Stadt, und die modische Szene ist recht individuell, die reicht vom Hipster, Blogger bis hin zum Business Look.

> **Unsere Kunden sind modisch total informiert - sie wissen was Trend ist und suchen danach gezielt bei uns.**

www.salon-sahnestück.de

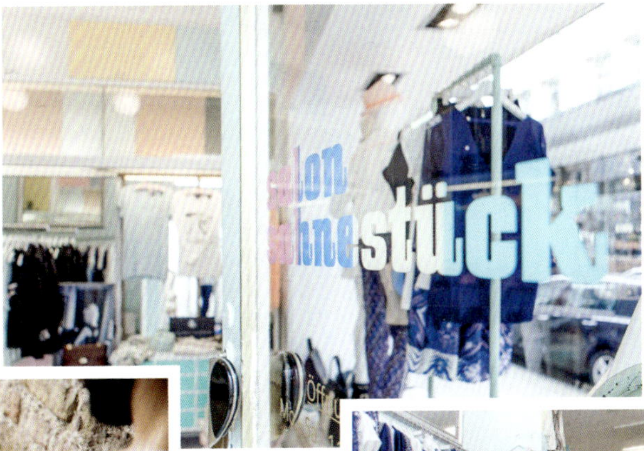

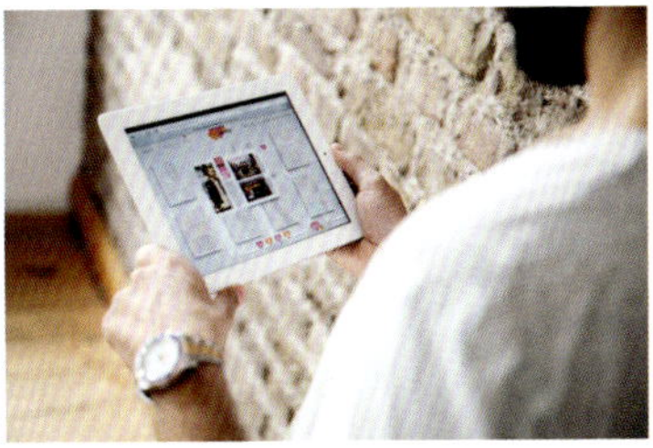

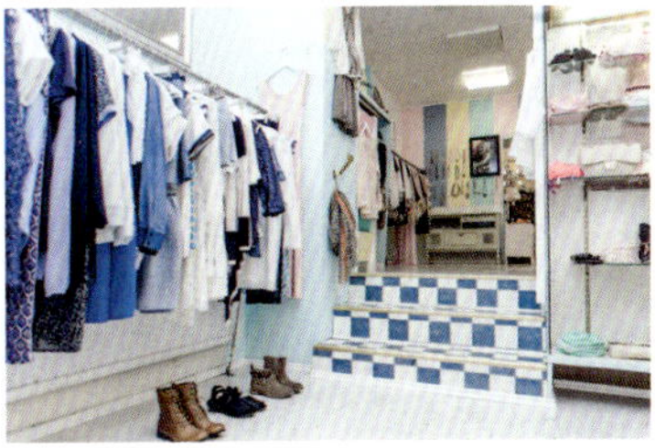

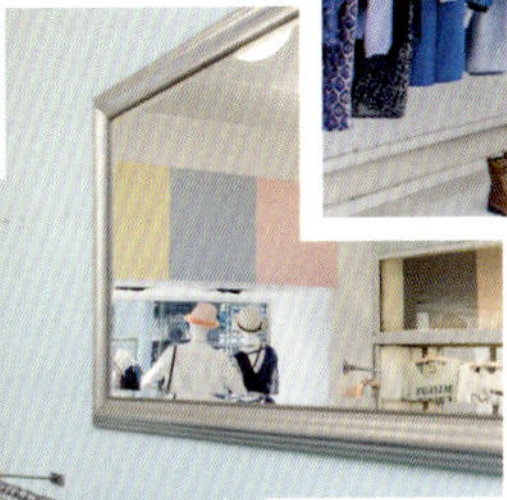

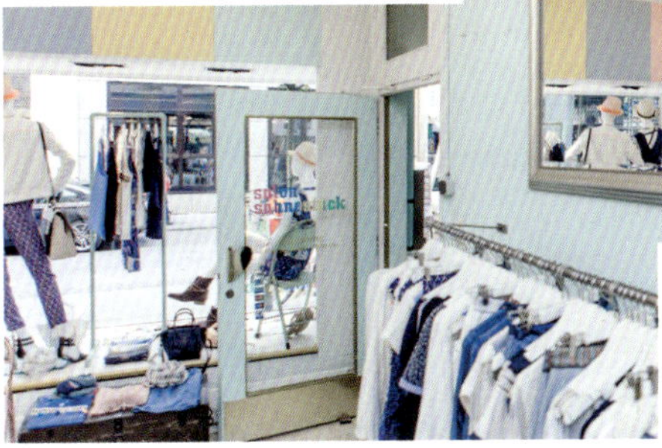

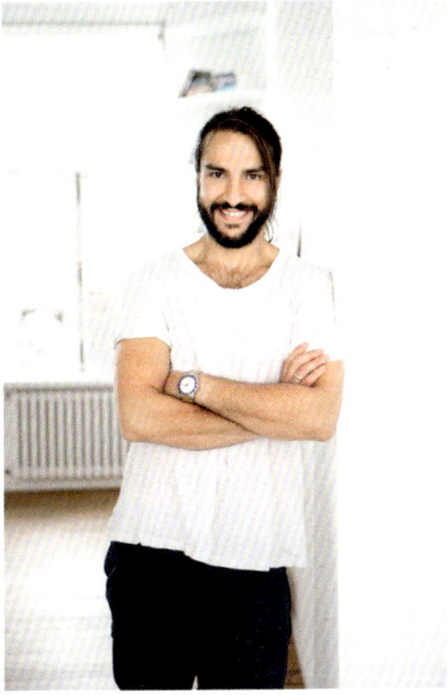

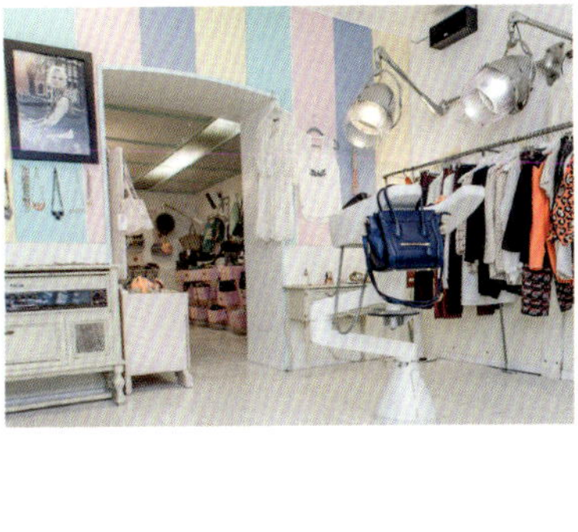

KÖLNER CHIC KLICKS

DIE BELIEBTESTEN **FASHION-BLOGS** DER KÖLNER

WWW.JOURNELLES.DE

"Journelles – Your Daily Dose of Fashion & Beauty" wurde im Oktober 2012 von Jessica Weiß gegründet, der Macherin von LesMads, Deutschlands bekanntestem Modeblog. Auf Journelles geht es neben Mode auch um die Bereiche Beauty und Living. Der Blog ist hochinformativ, schnell, professionell und trotzdem sehr persönlich. Absoluter Favorit !

WWW.LESATTITUDES.DE

Anne-Kathrin Biebier bloggt über Mode, Lifestyle, Beauty, Places und alles was Style hat. Die schöne Bloggerin modelt auch selber und lässt uns an ihren Daily-Outfits teilhaben. Sie ist eine echte Inspiration und ihr Blog eine tägliche Dosis Fashion auf hohem Niveau. Wer Anne kennt weiß, dass sie nicht nur ihr eigener perfekter Werbeträger ist, sondern verdammt erfolgreiches Business macht. Hut ab, Anne!

WWW.LESMADS.DE

Das deutsche Modeblog LesMads wurde im April 2007 von Jessica Weiß und Julia Knolle gestartet und informiert seitdem täglich über Mode, Models, Trends, Outfits, Lifestyle, Musik und Fotografie. Mittlerweile hat Katja Schweitzberger die Leitung übernommen. Die Autorinnen tippen von morgens früh bis abends spät, um eine weit gefächerte Auswahl an Modenachrichten und Persönlichem an den Leser zu bringen. Ob aus dem Büro in Berlin, den Umkleiden dieser Welt, von zu Hause oder direkt von den Laufstegen aus Paris, London, Mailand.

WWW.THISISJANEWAYNE.COM

Blogzine für Modeverliebte, für Träumer, junge Frauen, die vor allem sich selbst gefallen wollen, statt dem Rest der Welt, für all jene, die gern entdecken, diskutieren, hinterfragen, entdecken und staunen. Die beiden studierten Journalistinnen und Gründerinnen sind Sarah Gottschalk und Nike van Dinther. In ihren Texten schreiben "die Janes" über Mode, Musik, Kultur, Interieur und das Leben.

WWW.ELIN-KLING.COM/THE-WALL

Elin Kling betreibt seit 2007 Schwedens erfolgreichsten Modeblog "Style by Kling". In der Modeszene ist sie ein Star: Bloggerin, Model und Herausgeberin des Magazins "Style By" seit 2014 hat sie nun auch ihr eigenes Label "Totême". Obwohl der Hype um Elins eigene Looks ein wenig nachgelassen hat, ist der Blog nach wie vor bei den Kölnern sehr beliebt.

WWW.AMLUL.COM

Hinter "amlul" verbirgt sich das spanische Multitalent Gala Gonzalez. Gala ist viel mehr als "nur" Bloggerin. Sie ist Model, DJane, Designerin, Art-Direktorin, und, und und. Egal was Gala anfasst, es wird zum Erfolg. Auf ihrem Blog amlul lässt sie uns an ihrer Sicht auf das Thema Mode teilhaben. Wer auf Galas Instagram-Profil schaut, kann ihr dabei auf Schritt und Tritt folgen. Und zwar in die ganze Welt, denn Gala reist von einem Termin zum anderen und sieht dabei immer umwerfend aus.

WWW.MODEOPFER110.DE

Modewissen auf einen Klick! Das ist das Motto auf MODEOPFER110. Seit 2009 präsentiert das deutschsprachige Infoportal deutsche und internationale Modelabels kompetent und auf hohem Niveau. Die Dipl. Modedesignerinnen Anja Steffen und Berit Müller sind die Namen hinter MODEOPFER110. Von einem umfassenden Labelverzeichnis mit über 1500 gelisteten Labels, über Stylingtipps, bis hin zu Modegeschichte, Designerbiografien und jeder Menge Infos rund um Ausbildung und Jobeinstieg, wird hier kein Thema ausgelassen, das Modebegeisterte interessiert. Wer hier etwas aus dem Bereich Mode sucht, der wird definitiv fündig werden!

WWW.OLIVIAPALERMO.COM

Olivia Palermo ist eine amerikanische Socialite und Model. Berühmt wurde die Freundin von Johannes Huebl durch die MTV-Serie "The City". Seither gilt sie dank ihrer stilsicheren Auftritte bei Red Carpet-Events, Modenschauen und Filmpremieren als It-Girl. Bei Wilhelmina Models unter Vertrag modelte die New Yorkerin bereits für Mango, Hogan und Carrera y Carrera. Wer ihr Leben verfolgen will, kann das am Besten über den gleichnamigen Blog.

WEITERE LOHNENSWERTE KLICKS:

www.theblondesalad.com
www.sincerelyjules.com
www.songofstyle.com

INTERVIEW DIE STYLISTIN

TINE SIEPMANN ♡ MODEDESIGNERIN & STYLISTIN BEI RTL

„**Ich mag es nicht, wenn alle Mädchen gleich aussehen und jeden Trend mitmachen.**"

Auch vor dem harten Urteil einer Stylistin haben wir uns nicht gescheut. Tine Siepmann ist Stylistin bei RTL, sie stylt Promis und Kandidaten für verschiedenste Sendungen. Ihre Meinung: Köln kann ruhig noch etwas mutiger werden.

WOHER KOMMT DEINE LIEBE ZUM STYLEN UND ZUR MODE?

Schon als kleines Mädchen habe ich immer die Outfits (sehr zum Leidwesen meiner Mutter) der Leute beobachtet und kommentiert, damit konnte ich mich stundenlang beschäftigen. Schon früh habe ich angefangen, Outfits für meine Barbies zu basteln und habe in der Schule während des Unterrichts viel Zeit damit verbracht, Modefigurinen zu zeichnen.

WAS IST DEIN PERSÖNLICHER STYLE?

Mein persönlicher Style ist absolute Tagesform und überhaupt nicht festgelegt. Jogginghose mit bunten Sneaker oder Jeans mit coolem Top. Abends, wenn ich ausgehe, kann es auch mal etwas schicker sein wie z.B. Seidenhose mit High Heels.

WELCHE MODE-TIPS HAST DU FÜR FASHIONISTAS?

Man sollte immer seinen eigenen Style haben. Ich persönlich mag es nicht, wenn alle Mädchen gleich aussehen und jeden Trend mitmachen.

WIE IST MAN IMMER TOP ANGEZOGEN? WOMIT KANN MAN NICHTS FALSCH MACHEN?

Coole gut sitzende Jeans und einen schönen dünnen, gut geschnittenen Pulli.

WO HOLST DU DIR INSPIRATIONEN FÜR DEINEN STYLE?

Natürlich lese ich Modezeitschriften, aber ich lasse mich auch durch Looks, die ich auf der Straße sehe, inspirieren.

WAS SIND FÜR DICH MODISCHE NOGO'S? FASHION-FAUXPAS?

Mädchen, die auf ihren hohen Schuhen nicht laufen können, das finde ich mit das Schlimmste. Aber auch Mädchen, die sich in zu enge Klamotten zwängen, das sieht man gerade im Sommer viel.

DU BIST STYLISTIN FÜR RTL – AUF WAS ACHTEST DU BESONDERS, UM EINEM DEINER „KUNDEN" EIN PASSENDES OUTFIT ZUSAMMEN ZU STELLEN? GEHST DU IMMER STRENG MIT DEN TRENDS?

Wir sind bei RTL eine Stylingabteilung bestehend aus 9 Mädels, und jede hat Ihren eigenen Style. Wir schauen schon, dass wir mit den Trends gehen, aber wichtig ist auch, dass es zu der je-

INTERVIEW **DIE STYLISTIN**

weiligen Person passt. Es darf nie verkleidet wirken und muss auch zu dem jeweiligen Format passen.

SIND „CELEBRITIES" EINFACHER ODER SCHWERER ZU STYLEN ALS „NORMALOS"?

Da gibt es keinen wirklichen Unterschied.

WER SIND DEINE STYLE-VORBILDER? WER SIND DEINE FASHION-IKONEN?

Als Stylistin bin ich natürlich ein Riesen-Fan von Patricia Field.

DU ALS STYLISTIN MUSST JA IMMER IRGENDWIE TRENDS MIT GANZ INDIVIDUELLEN MENSCHEN ZUSAMMEN BRINGEN. WIE GELINGT DIR DAS?

Das ist bei uns immer absolute Teamarbeit. Jeder von uns hat eine ganz besondere Stärke. Man sollte als Stylistin immer darauf achten, den Menschen nicht zu verkleiden. Es ist wichtig, sich in seiner Kleidung wohl zu fühlen, denn das strahlt man dann auch aus.

WAS MACHT EINEN GUTEN STYLISTEN AUS?

Individualität und ein gutes Gespür für Materialien und Farben. Und natürlich die Liebe zur Mode.

WENN DU AUF DER STRASSE UNTERWEGS BIST, ACHTEST DU DANN SEHR DARAUF, WAS ANDERE SO ANHABEN?

Auf jeden Fall . Ich könnte mich auch stundenlang in ein Café setzten und die Leute beobachten.

GIBT ES EINEN "KÖLNER STYLE"?

Unter jungen Mädchen gibt es ganz viel diesen "Pariser Studenten Style". Winterjacke mit Fellkragen, schmale Jeans, dazu Timberland-Schuhe mit Longchamp-Tasche.

WAS UNTERSCHEIDET KÖLNER STYLE VON BERLINER STYLE, HAMBURGER STYLE, MÜNCHNER STYLE?

München und Hamburg sind sehr klassische Städte was Mode angeht Berlin mag ich modetechnisch sehr gerne, weil man dort viele sehr individuelle Styles sieht, Köln ist mir modetechnisch oftmals nicht mutig genug.

HAT KÖLN GENUG DESIGNER, KREATIVSZENE, FASHION-SZENE, LÄDEN, SHOPS - UM DEINE MODE-GELÜSTE ZU BEFRIEDIGEN?

Wenn man etwas Außergewöhnliches haben will, muss man in die Boutique Belgique, ins Sahnestück oder in den Super Store gehen.

WIE VIEL ZEIT VERBRINGST DU DENN SELBST MIT DEINEM STYLING? DAS MÜSSTE DOCH BEI EINER STYLISTIN RECHT SCHNELL GEHEN, ODER?

Ich ziehe das an, was mir gerade gefällt, egal ob es gerade im Trend liegt oder nicht. Da ich mich privat nicht schminke, bin ich morgens in 20 min fertig.

„**Ich habe schon früh angefangen, Outfits für meine Barbies zu basteln.**"

Fashion Quotes

"Mode ist auch immer ein Statement."
PATRICIA RIEKEL, BUNTE-CHEFREDAKTEURIN

"Wenn man nicht weiß, was man zu einer Gesellschaft anziehen soll, kommt man am besten als erste. Dann haben die anderen das Gefühl, falsch angezogen zu sein."
DAGMAR KOLLER, DEUTSCHE SCHAUSPIELERIN

"Als Gott Adam und Eva aus dem Paradies vertrieb, schenkte er ihnen zum Trost die Mode."
HELEN COURT, UNBEKANNT

"Ich bin nie mit der Mode gegangen. Ich habe sie gemacht."
PIERRE CARDIN, FRANZÖSISCHER MODESCHÖPFER

"Ihre Kleider sollen so eng anliegen, daß man sieht, Sie sind eine Frau, und so lose, daß man sieht, Sie sind eine Dame."
UNBEKANNT

"Zu stark geschminkt und zu wenig bekleidet ist bei den Frauen immer ein Zeichen der Verzweifelung."
OSCAR WILDE, IRISCHER SCHRIFTSTELLER

"Modeschöpfer sind Männer, die das Zweitschönste auf der Welt tun: Frauen anziehen."
MARCELLO MASTROIANNI, ITALIENISCHER SCHAUSPIELER

„Die Kleidung, die Sie tagtäglich anziehen, entscheidet mit darüber, wen und was Sie in Ihrem Leben anziehen."
AGNES ANNA JAROSCH, CHEFREDAKTEURIN „DER GROSSE KNIGGE"

"Wenn gelegentlich etwas Altmodisches wieder Mode wird, merken wir, wie bezaubernd unsere Großmütter gewesen sein müssen."
SIGMUND GRAFF, DEUTSCHER SCHRIFTSTELLER

"Seide wurde erfunden, damit die Frauen nackt in Kleidern gehen können."
AUS DEM ARABISCHEN

INTERVIEW
STYLE-DER ENGEL

NANDA WESKOTT ♡ BLOGGERIN

Die erst 18jährige Nanda, Schülerin an einem Kölner Gymnasium, ist der Youngster unter den Kölner Fashion-Bloggern. Dabei muss sie sich hinter den Profis nicht verstecken: Ihre Looks und ihre Fotos erscheinen wie aus einem internationalen Hochglanz-Fashion-Magazin. Mit ihren langen, blonden Haaren und den blauen Augen wirkt sie per se wie ein Engel, die verträumten Inszenierungen ihrer Bilder verstärken das noch. „Sie ist nicht von dieser Welt", summt einem beim Betrachten ihrer wunderschönen Fotos durch den Kopf. Und die Frage: Wie kann man mit 18 schon so ein Wahnsinns-Gespür für Stil und coole Looks haben? Und auch, dass sie die tollen Fotos selbst und ganz ohne Hilfe schießt, ist bemerkenswert. Bemerkenswert außerdem: 40.000 bis 50.000 Besucher kommen jeden Monat auf ihren Blog. Chapeau, Nanda!

Ihren Blog gibt es seit Sommer 2013, zwei bis drei mal pro Woche postet sie dort ihre Looks. Wie bei den meisten Bloggern wurde ihre Lust, selbst zu bloggen, durch das „Studium" anderer Blogs geweckt.

WAS IST IN DEINEN AUGEN EIN GUTER MODE-BLOG?

Ein ansprechendes Design, qualitativ gute Fotos, ein individueller Stil. Viele erfolgreiche Blogs zeigen zwar die ersten zwei Punkte, aber produzieren zu viel Einheitsbrei. Manchmal kleide ich mich schlicht und schick, so wie es viele tragen, aber mein Stil wechselt von Tag zu Tag. Ich denke, viele Leute wollen sich irgendwie auf einen bestimmten Look festlegen, der „sie dann sind", aber ich finde gerade das ist es , was an Mode toll sein kann, jeden Tag ein neues „Ich" zu kreieren.

WIE IST DIE RESONANZ AUF DEINEN BLOG UND DEINE OUTFITS? WIE GEHST DU DAMIT UM?

Bisher super, super nett, ich mache sehr viele positive

> ❝ **Das tolle an Mode ist, dass man jeden Tag ein ‚neues Ich' kreieren kann.** ❞

Erfahrungen durch meinen Blog. Klar sind da auch mal „Hater" dabei, aber die lösche und ignoriere ich, das sollte man nicht beachten.

WIEVIEL TRAFFIC HAST DU JEDEN MONAT?

Momentan zwischen 40.000 und 50.000 (Stand: Juni 2014).

WAS IST DENN DEIN PERSÖNLICHER STYLE?

Das kann ich gar nicht sagen, an dem einen Tag mag ich es gern mädchenhaft, dann wieder Hippie und dann wieder rockig.

WELCHE MODE-TIPS HAST DU FÜR FASHIONISTAS?

FLOHMÄRKTE!!!

MIT WELCHEM OUTFIT IST MAN IMMER GUT ANGEZOGEN?

Schwarze ripped Jeans, weißes, graues oder schwarzes Oversize-Shirt und derbe Lederboots.

> ❝ **Viele Blogs produzieren zu viel Einheitsbrei.** ❞

INTERVIEW **DER STYLE-ENGEL**

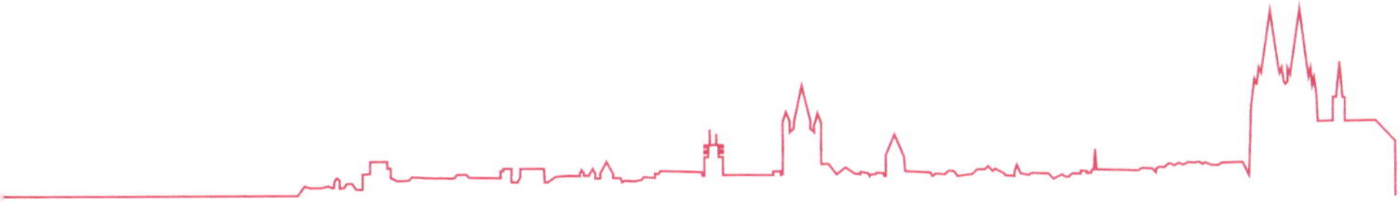

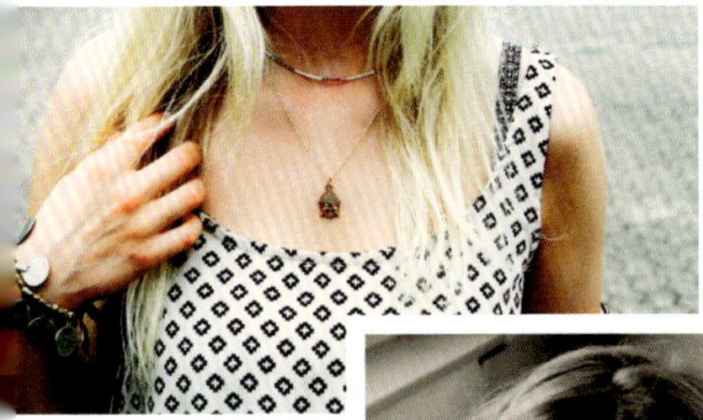

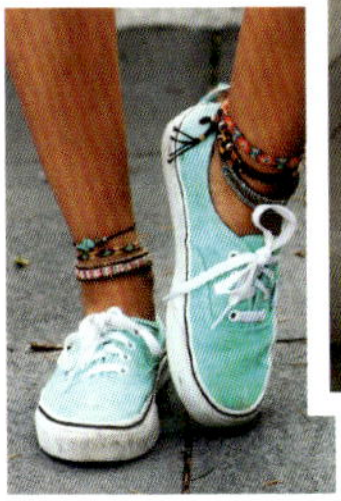

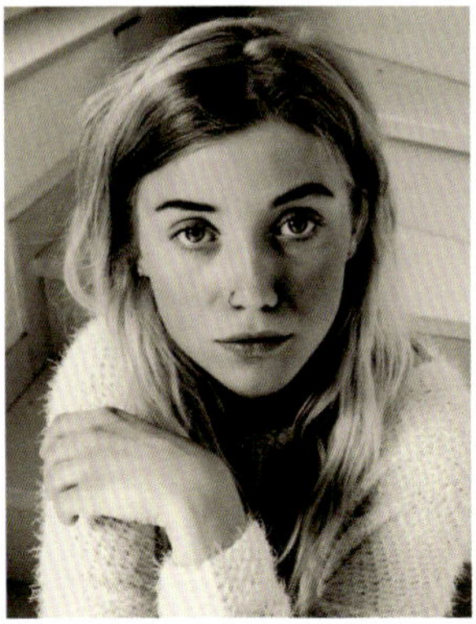

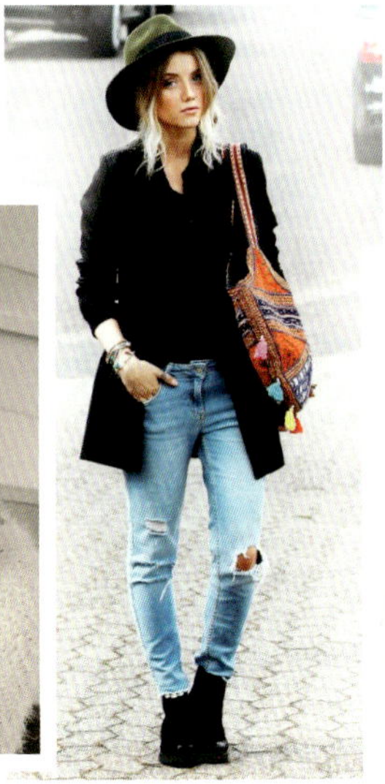

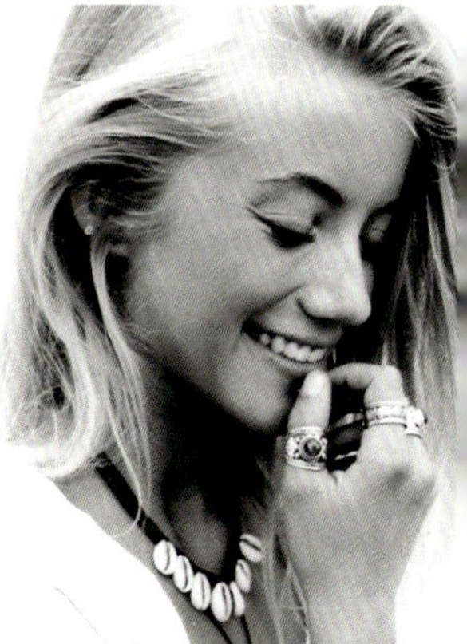

INTERVIEW **DER STYLE-ENGEL**

WAS SIND FÜR DICH MODISCHE NOGO'S?

Sich nicht wohl fühlen, das sieht man immer.

WO KAUFST DU DEINE KLAMOTTEN? GEHEIMTIPS?

Gaaaanz gaaanz viel auf dem Flohmarkt. Um auch mal ein Designer-Schnäppchen zu machen, empfehle ich Zalando Lounge- und in Köln natürlich das Belgische Viertel.

WELCHE TRENDS SIEHST DU FÜR DIE ZUKUNFT?

In der Blogger-Welt geht es momentan ganz klar in Richtung Hippie- und Boho-Chic, gepaart mit ein wenig Model-Grunge und Basics.

HAST DU STYLE-VORBILDER?

Ich liebe die Olsen Twins, Vanessa Hudgens, Erin Wasson und bei den Bloggern bin ich großer Fan von Maja Wyh und Natalie Suarez. Darüber hinaus lese ich noch viele weitere Blogs von anderen tollen Mädchen und Frauen.

DU ALS ECHTES „KÖLSCHES MÄDSCHE" – GIBT ES HIER EINEN „KÖLNER STYLE"?

Also ich finde es kommt tatsächlich darauf an, in welchem Stadtteil man sich aufhält. In Ehrenfeld trifft man sehr viele stilsichere Leute, im Gegensatz zu Lövenich. Ich würde den Kölner Stil eher noch als sportlich schick, vielleicht ein bisschen Hipster nennen.

GIBT ES DEN TYPISCHEN KÖLNER LOOK?

Nein, genau das ist Köln, alles ist gemischt. Ich finde, jeder sollte das tragen, worin er sich wohl fühlt und worauf er Bock hat, und genau das kann man hier in Köln.

LEGT MAN IN KÖLN VIEL WERT AUF STYLE UND MODE?

Ich würde sagen 50/50, es gibt schon eine Mode-Szene, aber man sieht auch echt Grausames auf der Straße.

IST KÖLN AN SICH EINE MODISCHE STADT?

Auf einer Skala von 1-10 eine 6.9.

IMMER NEUE FOTOS FÜR DEINEN BLOG, IMMER NEUE OUTFITS – WIE FINANZIERST DU DAS?

Ich biete Fotoshootings an, arbeite an Wochenenden, vieles bekomme ich auch gesponsert. Generell ist mein Kleiderschrank bis auf Lieblingsteile immer im Wandel, ich verkaufe also auch Vieles wieder und kaufe davon Neues.

> ❝ **Modisches No-Go? Sich in seinen Klamotten nicht wohl zu fühlen.** ❞

WAS IST DEIN PERSÖNLICHER LIEBLINGS-ALLTAGS-LOOK?

Meine absolute Lieblings Ripped-Jeans, ein kuscheliger Pulli, Boots, wellige Haare, und natürliches Make-up.

WENN DU TEILE NICHT MEHR MAGST, WAS MACHST DU DAMIT?

Kleiderkreisel, oder ich veranstalte einen kleinen Flohmarkt bei mir zu Hause.

❝ **Jeder sollte das tragen, worin er sich wohl fühlt und worauf er Bock hat, und genau das kann man hier in Köln.** ❞

IST DIR SCHON MAL WAS PEINLICHES IN SACHEN MODE PASSIERT?

Haha, ich weiß nicht ob man das erzählen kann, aber ich hab mir mal sehr schöne Unterwäsche gekauft, mit Schleifen, und es stellte sich heraus, dass ich sie die ganze Zeit falsch herum getragen hatte. Oh Gott, das war echt peinlich!

www.srevolrof.blogspot.de

ULTIMATIVE STYLE TIPPS

WORAUF SOLLTE ICH BEIM KLAMOTTENKAUF ACHTEN?

Es gibt einige simple Regeln, die verhindern, dass aus Shopping-Lust Shopping-Frust wird. Denn zugegeben, wir alle horten diese unsäglichen Fehlkäufe in der hintersten Ecke unseres Kleiderschranks, oder? Um das zu verhindern, beim nächsten Shopping-Rausch eure Beute bitte auf folgende Kriterien überprüfen:

SITZ:

Die Klamotte muss richtig sitzen. Wenn die Hose zu weit ist, das Kleid zu eng, oder die Passform einfach nicht zu deinen Proportionen passt, unbedingt Finger weg! Denn nein, auch wenn wir 5 Kilo abnehmen oder die Luft anhalten, wird das Teil nicht passen, geschweige denn, dass wir uns je in diesem Ding wohl fühlen werden .

MATERIAL:

Wir können uns nicht immer teure Kashmir-Pullover leisten oder edle Blusen aus Seide. Trotzdem muss das Material stimmen. Sonst wirkt es billig, und wir fühlen uns darin auch nicht wohl. Wenn uns eine Bluse beim Anprobieren einengt, wir schon in der Umkleide das Gefühl haben, wir schwitzen uns zu Tode, wenn es sich nicht gut anfühlt, wenn der Pullover mit seinem Polyester-Gemisch juckt und kratzt, wenn wir schon beim Reinschlüpfen in das Kleid einen elektrischen Schlag von der statischen Aufladung bekommen - Finger weg! Teile, in denen wir uns nicht wohl fühlen, ziehen wir nicht an. Und was ist frustrierender, als Geld für sowas auszugeben?

PRAKTIKABILITÄT:

Ja, das klingt unsexy. Aber darauf müssen wir auch achten. Passt das ausgesuchte Teil zum Rest unseres Kleiderschrankes? Passt das Teil auch in unser Leben? Was nützt uns ein wunderschönes 50er-Jahre-Kleid, wenn wir sowas normalerweise nie anziehen? Und erfüllt das Teil seinen Zweck? Wenn du warme Stiefel für den Winter brauchst, dann solltest du auch warme Stiefel kaufen. Und nicht die vielleicht etwas schickeren, die aber dünn sind und für Eis-Füße sorgen. Bei allem Hype um die Mode, manchmal müssen wir doch auf Muttis Worte hören und auch beim Shoppen vernünftig sein.

> "Ein Mädchen braucht zweierlei:
> Stil und Klasse."
>
> Coco Chanel, Französische Designerin

QUALITÄT:

Manche Teile, die du kaufst, sollten darauf ausgerichtet sein, länger mitzumachen. Klar, bei manchen Teilen weißt du von vorne herein, dass sie nur eine Saison mitmachen werden, aber gerade bei den klassischen Basics solltest du auf gute Qualität achten - und das Teil daraufhin überprüfen, ob du dir vorstellen könntest, dass es ein paar Jahre mitmachen kann.

PREIS:

Wenn etwas gut sitzt, gut aussieht und sich gut anfühlt - kaufen! Egal, ob billig oder teuer. Oft lohnt sich der Kauf einer sehr teuren Jeans (die dir perfekt steht und die deine Traum-Jeans ist!) mehr, auch wenn du erst mal Schnappatmung beim Preis kriegst, als wenn du statt dessen 3 billigere Jeans kaufen würdest, die du eigentlich eh nicht so sonderlich magst und folglich auch nicht anziehst. Dann ist letzteres rausgeschmissenes Geld, auch wenn es auf den ersten Blick günstiger als die teure Jeans ist. Wichtig hier: Du musst dir das ganze leisten können. Schulden sind nie chic.

WAS SOLL ICH ANZIEHEN, WENN ICH UNSICHER BIN?

Es gibt zwei Situationen, in denen man sich in Mode-Dingen äußerst unwohl fühlt: Entweder man ist overdressed - oder man ist underdressed. Hier eine ganz einfache, logische Regel: Im Zweifel overdressed sein. Ja, man kommt sich ein bisschen blöde vor, wenn alle in Jeans kommen und du die einzige im schicken Kleid bist. Aber noch blöder wirst du dir vorkommen, wenn alle im Kleid kommen und du in Jeans. Wenn du dir das vor Augen führst, kannst du dein Kleid mit Stolz in einer Menge Jeansträgern tragen.

MUSS ICH JEDEN TREND MITMACHEN?

Die wichtigste Regel in Sachen Mode : Alles kann, nichts muss. Deshalb musst du auch nicht jeder Mode folgen. Mode soll Spaß machen. Und wenn dir ein Trend nicht gefällt, du Leggings und Nerd-Brillen scheusslich findest, dann brauchst du natürlich auch keine. Aber: Sei dann auch so höflich, den Trend an anderen nicht kaputt zu motzen. Wenn andere Trends mögen, die nicht deinem Stil-Empfinden entsprechen, dann sieh das als wunderbaren Beweis der modischen Vielfalt an, aber mach´ dich nicht über den Style anderer lustig - nur weil er dir nicht gefällt.

Es ist auch gar nicht möglich, allen Trends zu folgen. Das Mode-Rad dreht sich heute so schnell, würden wir allen Trends folgen, kämen wir aus dem Shoppen gar nicht mehr raus. Wir würden außerdem unsere eigene modische Individualität verlieren bzw. noch nicht mal finden. Außerdem, ist es nicht langweilig, wenn wir so aussehen wie alle?

Letztlich müssen nicht wir der Mode folgen, sondern die Mode uns. Heißt, die Mode sollte zu uns passen.

Was auch immer geht: Schlichte und zeitlose Basics mit aktuellen It-Pieces kombinieren.

WIE WICHTIG SIND STYLE-REGELN?

Kein schwarzer BH unter eine weiße Bluse, weiß macht dick, nude macht blass, Leomuster ist billig, Schwarz macht schlank, Slipper sind für Omas, ab 35 darf man keine Hot-Pants mehr anziehen. Es gibt so viele angebliche modische No-Go's und Klischees, die uns immer wieder einschüchtern und verunsichern. Hier haben wir nur einen Rat: Es gibt Style-Tips - aber es sollte keine Style-Regeln geben. Tips sind Vorschläge und Inspirationen, die dazu da sind, seinen eigenen Stil zu finden. Regeln sind starre Gebilde und Vorgaben, die in der Mode nun wirklich nichts zu suchen haben. Das Faszinierende ist ja, dass die meisten Menschen den gleichen Trends und "Mode-Regeln" folgen, damit sie aussehen wie alle anderen. Das gibt Sicherheit. Der Mensch ist ein Herdentier. So sehr wir uns nach Individualität sehnen, so sehr wollen wir eigentlich auch wiederum nicht auffallen. Dabei ist Mode dafür da, dass wir eben nicht wie in Uniform aussehen. Man kann seinen eigenen Stil entwickeln, ohne dass man Trends folgt und auf die Klischees pfeift.

> "Mode = Jener seltsame Vorgang, bei dem allen plötzlich etwas gefällt, was ihnen gestern noch nicht gefallen hat und was ihnen morgen nicht mehr gefallen wird."
>
> Margot Hielscher, Deutsche Sängerin und Schauspielerin

> "Stil kennt keine Konfektionsgröße."
>
> Guido Maria Kretschmer, Deutscher Designer

INTER FASHION-
DER VIEW PROFI

OLIVA ZIRKEL ♡ SHOPBESITZERIN UND DESIGNERIN

Olivia Zirkel ist Fashion-Profi durch und durch. Sie hat nicht nur zwei abgeschlossene Studiengänge vorzuweisen, sie studierte sowohl Betriebswirtschaft als auch Modedesign an der Parsons School of Design in New York. So kann sie nun mit Rundum-Knowhow sowohl in Sachen Mode-Business als auch in Sachen Mode-Design aufwarten. Und was liegt da näher, als selbst einen eigenen Fashion-Store aufzumachen sowie eine eigene Kollektion heraus zu bringen? Genau das hat Olivia umgesetzt. Zuerst gründete sie mit ihrer Partnerin Leonie Stockmann einen der ersten Concept-Stores Kölns, "Simon und Renoldi", baute sich damit einen Kundenstamm auf – und entwickelte dann ihr eigenes Label, „Liev", für das sie wunderschöne Abend- und Anlassmode kreiert und produziert. Praktisch, wenn man dann die Verkaufsplattform schon etabliert hat. Neben Köln ist New York ihre Stadt des Herzens – dort lebte, studierte und arbeitete sie mehrere Jahre. Nach ihrem Studium war sie dort rechte Hand für den amerikanischen Designer Charles Nolan. Hier lernte die Designerin alles über professionelle Schnittführung, gute Passformen, den Einsatz von Stoffen, von der Kostenplanung über die Materialbeschaffung bis hin zur Fertigstellung einer Kollektion.

HATTEST DU SCHON IMMER „MODE IM BLUT"?

Meine Liebe zur Mode ist wohl angeboren. Meine Großmutter war Schneidermeisterin, auch meine Mutter hat viele Jahre im Modevertrieb, u.a. bei Bogner, gearbeitet.

NICHT ALLE DESIGNER BRINGEN TATSÄCHLICH EINE EIGENE KOLLEKTION HERAUS, SONDERN VIELE ARBEITEN ALS KREATIVE KÖPFE FÜR ANDERE LABEL. WIE KAM ES BEI DIR ZUR ENTSCHEIDUNG, DEINE EIGENEN DESIGNS ZU MACHEN?

Der Wunsch war schon während meines Studiums da. Den Mut, es tatsächlich umzusetzen, hatte ich nach der Gründung von unserem Store "Simon und Renoldi". So hatte ich direkt eine Verkaufsplattform und kannte meinen Kunden bereits.

> **Die ganze Welt ist ein riesengroßer Topf an Inspiration!**

WAS IST DENN DEIN PERSÖNLICHER STYLE?

Mein persönlicher Style ist eher lässig-legère, gepaart mit manchmal rockigen, manchmal verspielteren Elementen. Meine Kollektionen sind eher klassisch-elegant.

WORAUF LEGST DU BEI DEINER MODE BESONDERS WERT?

Vier Faktoren sind für mich enorm wichtig: Passform, Tragbarkeit, Qualität und zeitlose Eleganz.

WIE SCHWER IST ES DENN, IN DER MODEBRANCHE ALS DESIGNER FUSS ZU FASSEN?

Auf jeden Fall ist es nicht einfach. Der Markt ist voll mit kreativen Köpfen, die sich selbst verwirklichen möchten. Dem einen gelingt es besser als dem anderen – meist abhängig von ‚Vitamin B' und Durchhaltevermögen. Auch fehlt einigen Kreativen der spitze Bleistift zum Rechnen. Und man muss feststellen, dass die Kollektion, die besonders kreativ und in-

INTERVIEW **DER FASHION-PROFI**

novativ ist, zwar viel Presse bekommt, leider jedoch im Verkauf ihre Schwierigkeiten hat. Gefragt ist ein Kompromiss zwischen der kreativen Selbstverwirklichung und dem verkäuflichen Artikel.

WER TRÄGT DEINE MODE? WIE TICKEN DEINE KUNDEN?

Da sich meine Designs bisher auf den Bereich Anlassmode beschränken, also Abend- und Cocktailkleider, ist das Kundenfeld relativ breit. Ich habe bislang Kundinnen von 16 bis 75 Jahren bedient. Von der Schülerin über die kreative Architektin, rockige Moderatorin oder Produzentin bis hin zur Mutter der Braut ist alles dabei.

WORAN ORIENTIERST DU DICH BEI DEINEN DESIGNS? AM KÖLNER STYLE ODER EHER "ÜBERREGIONAL" ODER INTERNATIONAL?

Ich mache das, was mir gefällt und von dem ich – aus der Erfahrung der vergangenen Jahre als Einkäuferin sowie Verkäuferin bei "Simon und Renoldi" im Einzelhandel - der Meinung bin, dass es funktionieren wird.

WIE KANN MAN SICH DEINE ARBEIT UND DEINEN KREATIV-PROZESS VORSTELLEN?

Ich besuche die Stoffmessen in Paris und München und hole mir dort erste Inspirationen in Bezug auf Farben und Stoffe. Und irgendwie passiert die Kollektion dann in meinem Kopf, wenn ich den Stoff in der Hand halte. Natürlich sind neben meinen beruflichen und privaten Reisen auch die Kölner vor der Haustüre immer Inspirationsgeber. Ich höre mir aber auch immer die Wünsche meiner Freunde und Kunden an. Am Ende kann ich gar nicht mehr sagen, wo was herkommt, es mischt sich zusammen und ist im Ergebnis die Kollektion.

WELCHE TIPS HAST DU FÜR DIEJENIGEN, DIE AUCH MODE-DESIGNER WERDEN WOLLEN?

Bevor ihr raus geht und eine eigene Kollektion auf die Beine stellt, nehmt euch die Zeit, Erfahrung bei etablierten Designern zu machen! Die Kollektion ist am Ende nur so gut, wie sie sich verkauft!

> **"Die Kollektion, die besonders kreativ und innovativ ist, bekommt zwar viel Presse, hat leider jedoch im Verkauf ihre Schwierigkeiten."**

HAST DU LIEBLINGS-DESIGNER? VORBILDER?

Coco Chanel ist eine große Frau ihrer Zeit gewesen, die ich immer sehr inspirierend fand. Auch Sonia Delaunay war ein sehr kreativer und faszinierender Kopf. Es gibt so viele Vorbilder – manchmal stolpert man während der Recherche zu einem Thema über Persönlichkeiten, die man zuvor nie so wahrgenommen hat und ist überrascht, was aus deren Feder und Nadel geflossen ist. Inès de la Fressange ist eine Frau, die weiß, was ihr steht, und die ihren persönlichen Style gefunden hat. Und auch wenn dieser eher konservativ ist, fasziniert mich ihre Beständigkeit. Vivienne Westwood ist genau das andere Extrem: Sie provoziert und probiert sich aus und eckt damit extrem an. Aber auch das finde ich faszinierend: Sie folgt einfach ihrem Herzen und man nimmt ihr ihren Style ab.

WIE IST MAN DEINER MEINUNG NACH IMMER TOP ANGEZOGEN? WOMIT KANN MAN NICHTS FALSCH MACHEN?

Ein guter klassischer schwarzer Blazer darf in keinem Kleiderschrank fehlen, sowie ein vernünftiges Paar Schuhe – egal ob Halbschuh oder Stiefelette – so kann man jede zerrissene Jeans mit weißem Shirt zu einem lässigen aber dennoch angezogenen Look aufpimpen!

WO HOLST DU DIR INSPIRATIONEN FÜR DEINEN STYLE?

Auf meinen Reisen, in der U-Bahn, auf der Straße – die ganze Welt ist ein riesengroßer Topf an Inspiration!

> **Irgendwie passiert die Kollektion in meinem Kopf, wenn ich den Stoff in der Hand halte.**

WAS SIND FÜR DICH FASHION-FAUXPAS?

Es gibt wenig, das gar nicht geht – wichtig ist nur, dass der Style zur Person passt.

WIE WIRD SICH DEINER EINSCHÄTZUNG NACH DIE MODE IN ZUKUNFT ENTWICKELN?

Es gibt derzeit so viele Themen die ‚in' sind und funktionieren. Ich glaube nicht, dass es in naher Zukunft zurück zu nur einer Stil-Form oder nur einem bestimmten Trend gehen wird – die Welt wird zu einem immer größeren Melting-Pot und jede Kultur bringt ihre eigenen Trends mit ein.

> **Die ganze Welt ist ein riesengroßer Topf an Inspiration!**

KLEINER ORAKEL-BLICK IN DIE ZUKUNFT - WAS WIRD DER NÄCHSTE TREND SEIN?

Man sagt ‚je schlechter die wirtschaftliche Lage, umso kürzer die Röcke und lauter die Stoffe'. Da sich die Wirtschaftslage weltweit immer weiter erholt, nehme ich an, dass wir das Thema Paillet-

INTERVIEW **DER FASHION-PROFI**

ten in Zukunft vielleicht immer mehr vernachlässigen können, und wir zurückfinden zu einem cleaneren Look. Und eigentlich wäre das auch die logische Konsequenz der Trendfolge: Nachdem wir die 60er, 70er und 80er bereits wiederbelebt haben, müssen doch rein theoretisch nun die cleanen 90er folgen, oder? Es gibt Trends die nicht für jedermann gemacht sind und nicht jedem stehen. Daher sollte sich jeder fragen, ob und wie weit er einem Trend folgen sollte.

GIBT ES EINEN ERKENNBAREN "KÖLNER STYLE"?

Der ‚Kölner Style' ist definitiv lässig – im Gegensatz zu bspw. Düsseldorf oder München. Der Kölner nimmt sich und sein Umfeld nicht ganz so ernst, was ihn so sympathisch macht und ihm erlaubt, sich auch einmal an verschiedenen Trends zu probieren, ohne gleich schräg angeschaut zu werden. Ein sehr angenehmes Lebensgefühl.

> **Der Kölner nimmt sich und sein Umfeld nicht ganz so ernst, was ihn so sympathisch macht und ihm erlaubt, sich auch einmal an verschiedenen Trends zu probieren ohne gleich schräg angeschaut zu werden.**

GIBT ES DEN TYPISCHEN KÖLNER LOOK?

Ich finde nicht. Das breite Publikum verhält sich modisch unauffällig, und die etwas Mutigeren wagen sich ein wenig an Berlin oder Belgien heran. Je jünger das Publikum, umso mutiger, was sicher auch auf die Neuen Medien mit Fashion Blogs etc. zurückzuführen ist.

WAS UNTERSCHEIDET KÖLNER DENN MODISCH VON BERLIN, HAMBURG ODER MÜNCHEN?

Die Berliner sind ein ganzes Stück mehr Avantgarde. Der Hamburger eher kühl-elegant und der Münchner überladen à la Neuschwanstein. Dagegen ist der Kölner einfach herrlich anders. Nicht ganz so experimentierfreudig wie der Berliner, aber sehr entspannt.

LEGT MAN IN KÖLN ÜBERHAUPT WERT AUF STYLE UND MODE?

Vielleicht weniger als in Berlin, aber modebewusst ist der Kölner (insbesondere im Belgischen Viertel) auf jeden Fall!

HAT KÖLN GENUG DESIGNER, KREATIVSZENE, FASHION-SZENE, LÄDEN, SHOPS - UM DEINE MODE-GELÜSTE ZU BEFRIEDIGEN?

Es gibt eine große Kreativszene in Köln. Die Fashion-Szene ist klein, aber existent, nur reicht die Auswahl leider nicht ganz, um all meine Modegelüste zu befriedigen – so dass ich natürlich auch in anderen Städten shoppen gehe. Aber wir arbeiten ja alle gemeinsam daran, sie zu vergrößern!

www.liev-design.de und www.simonundrenoldi.com

Fashion Quotes

"Für eine Frau gibt es wichtigere Dinge als einen Orgasmus, zum Beispiel den Kauf von einem Paar auberginefarbenen Lackstiefelchen."

ESTHER VILAR,
ARGENTINISCH-DEUTSCHE
SCHRIFTSTELLERIN

"Mode ist weder schön noch hässlich. Warum sollte es auch eins von beiden sein? Mode ist eben Mode."

ANNA WINTOUR, CHEFREDAKTEURIN
"VOGUE"

"Für mich dreht sich beim Stil alles um die Persönlichkeit. Ich glaube, dass Selbstvertrauen und mit sich selbst im Reinen sein, eine gute Definition dafür ist."

ISABEL MARANT,
FRANZÖSISCHE DESIGNERIN

"Mir gefällt die Idee, dass Männer und Frauen ihre Outfits tauschen: So kleiden sich und leben die Menschen heute."

ISABEL MARANT,
FRANZÖSISCHE DESIGNERIN

"Wenn mir ein Outfit gefällt, dann trage ich es immer wieder. So lange, bis die Sachen kaputt sind oder ich sie einfach nicht mehr sehen kann."

DAVID KROSS, DEUTSCHER
SCHAUSPIELER

"Kreiere deinen eigenen Stil. Mach ihn für dich einzigartig und unverwechselbar für andere."

ANNA WINTOUR, CHEFREDAKTEURIN "VOGUE"

"Weibliche Nacktheit muss man den Männern mit dem Teelöffel geben, nicht mit der Schöpfkelle."

COCO CHANEL,
FRANZÖSISCHE DESIGNERIN

"Stil ist eine Haltung! Es geht darum, elegant aufzutreten, Kleidung und Accessoires so zu mixen, dass man sich gut und schön fühlt."

PAULA CADEMARTORI,
BRASILIANISCHE DESIGNERIN

"Was Stil ist? Persönlichkeit! Die richtige Kleidung zum jeweiligen Anlass zu tragen – makellos."

MARKUS LUPFER, DEUTSCHER DESIGNER

INTER VIEW
DIE BEAUTY

KYRA KUKLIES ♡ FASHION-BLOGGERIN

Was anfangs nur als Hobby und kreativen Ausgleich zur Arbeit gedacht war, hat sich bei Kyra rasant zu einer traffic-starken Adresse für Modefans entwickelt: Ihr vor drei Jahren gestarteter Blog „The brunette barbecue" (früher „kyras") hat täglich mehr als 6000 Besucher. Auf ihrem Blog präsentiert die makellose Schönheit ihre Outfits, gibt Tutorials und berichtet aus der Fashion-Szene. Kyra, als TV-Journalistin und Media Management Studentin Medienprofi durch und durch, weiß, wie sie sich in Szene setzten, und sich geschickt vermarkten kann. Sie lebt das Fashion-It-Girl-Leben, das man aus den Hochglanz-Magazinen kennt. Ihr Gespür für cleanen und doch weiblichen Style bestätigt, wie sich selbst sieht: Sie ist eine moderne Audrey Hepburn.

> ❝ **Mode kann so viel aus Menschen heraus holen, Selbstbewusstsein verleihen und den Alltag verschönern.** ❞

WIE OFT BLOGGST DU?

Ich versuche schon, jeden Tag meinen Blog upzudaten und meine Leser an meinen Erlebnissen teilhaben zu lassen. Auf Reisen ist es manchmal aufgrund von Zeitverschiebung oder Stress nicht regelmäßig möglich, aber länger als 2 Tage pausiere ich nie.

WIE KAMST DU AUF DIE IDEE, ÜBER MODE ZU BLOGGEN?

Damals habe ich viele TV-Reportagen gedreht, bei denen ich die Polizei, den Zoll und Türsteher begleitet habe. Ich brauchte einen kreativen Ausgleich fürs Herz, etwas Buntes und nichts Statisches, bei dem ich meine Liebe für Mode und schöne Dinge ausleben konnte. Zudem bot sich die Möglichkeit, viele schöne Events, Premieren und Fashion-Shows, die mir durch meine journalistische TV-Arbeit sowieso schon offenstanden, für meinen Blog zu nutzen.

> ❝ **Ein guter Mode-Blog hat Persönlichkeit und seine eigene Note – er predigt seinen Lesern nicht einfach nur aktuelle Trends.** ❞

WO HOLST DU DIR INSPIRATIONEN FÜR DEINEN BLOG?

Ich sammle gerne viele verschiedene Eindrücke. Durch die Connection mit anderen Bloggern bekommt man relativ schnell mit, welche Trends im Kommen und im Gehen sind. Auf den halbjährlichen Fashion-Weeks sieht man die Mode des kommenden Jahres und kann relativ schnell einschätzen, was sich durchsetzen wird. Und auf Reisen liebe ich es, die kleinen ausgewählten Boutiquen zu durchstöbern oder Street-Styles zu beobachten.

WAS MACHT FÜR DICH EINEN GUTEN MODE-BLOG AUS?

Ein guter Mode-Blog hat Persönlichkeit und seine eigene Note – er predigt seinen Lesern nicht einfach nur aktuelle Trends. Die wechseln ohnehin so schnell und man sollte ihnen nicht

INTERVIEW **DIE BEAUTY**

hinterher laufen. Eine gute Mode-Bloggerin muss ihren eigenen Stil haben, ihren Typ positiv zu betonen wissen und Selbstbewusstsein sowie Lebensfreude vermitteln! Es muss einfach Spaß machen, den Blog zu lesen, und man sollte jedes Mal einen kleinen Mehrwert durch die Artikel haben – und wenn es nur ein kurzes Lächeln oder eine Inspiration ist!

BIST DU DURCH DEINEN BLOG EIN MODISCHES VORBILD FÜR ANDERE?

Durch die direkten Rückmeldungen wie Kommentare, Likes und Mails bekommt man so viel schönen Zuspruch. Es freut mich immer sehr zu hören, wenn jemand Inspiration aus meiner Arbeit für sich schöpfen konnte. Seien es Frisuren, Styles oder Accessoires. Manchmal bekomme ich Bilder zugeschickt, auf denen Le-serinnen etwas nachgestylt haben und meine Meinung hören wollen. Das ist wundervoll!

EINE FRAGE, DIE MAN IMMER AN BLOGGER HAT: WER MACHT DENN EIGENTLICH DIE VIELEN SCHÖNEN FOTOS?

Das ist total unterschiedlich, eigentlich nehme ich jeden, den ich gerade greifen kann!

> 66 **Ich würde sagen, ich bin modetechnisch eine moderne Audrey.** 99

Ich versuche, die Arbeit für meinen Blog in meinen Alltag zu integrieren. Von professionellen Fotografen, Freundinnen, Eltern, meinem Freund, Selbstauslöser oder fremden Passanten war schon fast jeder mal am Drücker!

WIEVIEL TRAFFIC HAST DU JEDEN MONAT?

Derzeit habe ich täglich über 6000 Unique Visits, das steigt aber von Woche zu Woche. Mir ist es wichtig, dass die Leute meine direkte Blog-Seite besuchen, nur dann lesen sie auch meine Artikel. Instagram und Facebook sind zwar schöne Supporter, aber leider wird dort zu schnell gescrollt, vieles übersehen, und es bleibt kein langfristiger Eindruck haften.

WAS IST DEIN PERSÖNLICHER STYLE?

Ich würde sagen, ich bin modetechnisch eine moderne Audrey. Ich liebe zeitgemäße Styles mit einem Hauch weiblichen 50'ies Charme – Schößchen, High-Waist-Skirts, Bun-Frisuren und etwas Glamour. Mir steht der weibliche Look besser als der freche Street-Look.

WELCHE MODE-TIPS HAST DU FÜR UNS?

Man sollte vieles einfach ausprobieren! Nur dadurch entwickelt man sich weiter und findet letztendlich den geeigneten Style für die eigene Figur. Auf jeden Fall sollte man sich aber von dem Gedanken verabschieden, jedem Trend folgen zu müssen. Finde deinen Typ, das, was dir am besten steht und hebe deine Vorteile hervor anstatt deine Nachteile durch dumme Modetrends wie Cropped-Tops, falsch sitzende Boyfriend-Jeans oder High-Waist-Schnitte in Szene zu setzen!

WO HOLST DU DIR INSPIRATIONEN FÜR DEINEN STYLE?

Mein Geheimtipp: Sieht man ein Mädchen mit einem wunderschönen Accessoire, einem umwerfenden Kleid oder einer traumhaften Tasche – einfach ansprechen und nachfragen!

WO KAUFST DU DEINE KLAMOTTEN? GEHEIMTIPS?

Egal in welcher Stadt ich bin, ich stöbere gerne abseits der Hauptstraßen in kleinen versteckten Boutiquen weitab vom Mainstream. Was in New York SoHo, in London Camden und in Berlin die Hackeschen Höfe sind, ist in Köln zum Beispiel das Belgische Viertel! Außerdem lohnt es sich immer, einen Blick in Second Hand Läden zu werfen – die sind besser als ihr Ruf!

WOHER KOMMT DEIN HÄNDCHEN FÜR STIL?

Als junges Mädchen versucht man seinen Platz in der Welt zu finden, ist unsicher und schüchtern. Mode kann so viel aus Menschen herausholen, Selbstbewusstsein verleihen und den Alltag verschönern. Selbstverständlich ist Mode nicht essentiell, aber das Tüpfelchen auf dem i, um seinen eigenen Charakter zu unterstreichen und zu definieren. Wir können nicht nichts durch unsere Art zu kleiden aussagen – auch wenn wir uns achtlos kleiden, vermitteln wir dadurch eine Message!

> **Man sollte vieles einfach ausprobieren! Nur dadurch entwickelt man sich weiter und findet letztendlich den geeigneten Style für die eigene Figur.**

INTERVIEW **DIE BEAUTY**

WAS GLAUBST DU, WIE WIRD SICH DIE MODE IN ZUKUNFT ENTWICKELN?

Trends wiederholen sich, wenn auch immer in abgewandelter Form. Aber der Kreativität wird nur durch Funktionalität ihre Grenzen gesetzt.

WER SIND DEINE STYLE-VORBILDER? WER SIND DEINE FASHION-IKONEN?

Ich liebe die Coolness von Viktoria Beckham, die Eleganz von Olivia Palermo, den Glamour von Audrey Hepburn und die Freshness von Schweden-Bloggerin Kenza Zouiten.

GIBT ES EINEN "KÖLNER STYLE"? WIE SIEHT DER AUS?

Die Kölner Frauen sind lässig, ungezwungen und Meisterinnen im Kombinieren von High—Fashion und Vintage!

WAS IST EIN TYPISCH KÖLNER LOOK?

Spontan würde ich sagen: Boyfriend-Jeans, Chucks, Nikes und Messy-Bun.

> **Wir können nicht nichts durch unsere Art zu kleiden aussagen – auch wenn wir uns achtlos kleiden, vermitteln wir dadurch eine Message!**

WAS UNTERSCHEIDET KÖLNER STYLE VOM STYLE ANDERER STÄDTE, WIE BERLIN, MÜNCHEN ODER HAMBURG?

Ähnlich wie Berlinerinnen sind die Kölnerinnen sehr lässig, aber geben noch einen Hauch mehr Acht, nicht zu urban wie die doch sehr extravaganten und flippigen Berliner rüberzukommen. Aufgesetzte Berliner Coolness wirkt manchmal leider genauso gezwungen wie Münchener oder Düsseldorfer Markenbezogenheit. Hamburg ist sehr sophisticated, klar strukturiert und kühl.

WÜRDEST DU ATTESTIEREN, DASS KÖLN EINE MODISCHE STADT IST?

Wir sind zwar keine Modestadt im eigentlichen Sinne, aber dadurch, dass wir Medienstadt sind, kommt bei uns Kreativität und Liebe zum Ausdruck niemals zu kurz – Mode ist ein wichtiger Teil davon! Ich liebe es zum Beispiel, an sonnigen Tagen durch die Ehrenstraße zu spazieren oder im Belgischen Viertel oder in Ehrenfeld die Street-Styles zu beobachten. Und modisch heißt ja nicht immer teuer. Nur weil Düsseldorf zum Beispiel mehr Wert auf Luxus und bekannte Designer legt, heißt das nicht, dass sie den besseren Style haben. Kölner sind Underdogs, die wunderschöne Kombinationen zaubern können, die Einheits-Looks anderer Städte überstahlen!

HAT KÖLN DENN GENUG DESIGNER, KREATIVSZENE, FASHION-SZENE, LÄDEN, SHOPS – ODER GIBT ES HIER NACHHOLBEDARF?

Köln hat eine unglaublich kreative Szene, man muss nur mit offenen Augen durch die Straßen laufen! Kleine süße Boutiquen gibt es an vielen Ecken, die sind stylisher und lohnenswerter als die meisten großen Retail-Stores. Auch talentierte Schneider-Label wie z.B. Senso Unico haben sich in Köln niedergelassen und beliefern die ganze Welt mit ihren Styles.

DU ALS BLOGGERIN WIRST SICHER UNENDLICH VIELE OUTFITS HABEN – HAST DU DENN LIEBLINGSTEILE?

Meine klassische Chanel-Clutch - ein Glücksgriff vom Edel-Secondhand, wertet jedes Outfit im Handumdrehen auf!. Meine Lederjacke - eine perfekt sitzende Lederjacke ist ein Must-Have. Und mein Goldschmuck

> **Aufgesetzte Berliner Coolness wirkt manchmal leider genauso gezwungen wie Münchener oder Düsseldorfer Markenbezogenheit.**

- Gold ist zur Zeit der Renner und ich fühle mich ohne zahlreiche Knuckle-Rings und Armbänder nicht mehr komplett.

WIE VIEL ZEIT VERBRINGST DU MIT DEINEM STYLING?

Manchmal dauert es Stunden, manchmal Sekunden – je nachdem wie ich mich fühle. Wenn ich verreise, überlege ich mir aber ganz genau, was ich an welchem Tag anziehe und wie kombiniere. Outfits werden dann vorab bestimmt und fotografiert – das erleichtert mir alles ungemein!

ZIEHST DU DICH OFT UM?

Das hängt rein von meinem Feeling ab – ich muss mich immer wohl in meiner Haut fühlen. An manchen Tagen fliegen die Klamotten schon mal durch meine Wohnung, und ich finde trotz begehbarem Kleiderschrank nicht das geeignete Outfit. Irgendwie bin ich schon ein Mädchen!

INTERVIEW **DIE BEAUTY**

WENN DU TEILE NICHT MEHR MAGST, WAS MACHST DU DAMIT?

Ich sortiere alte Teile gnadenlos aus – alles was länger als ein Jahr nicht getragen wurde, wird in der Regel nie wieder getragen. Man sollte sich da nichts vormachen. Außerdem bekomme ich für meinen Blog soviel Kleidung und Schmuck geschenkt, das kann ich alles gar nicht behalten. Vieles verschenke ich an Freundinnen, die ein Auge auf meine Teile geworfen haben oder verkaufe es im Internet.

WAS IST DEIN EINDRUCK VON DEM GANZEN MODE-ZIRKUS?

In Sachen Mode habe ich noch nichts gesehen, was es nicht gibt! Auf der Fashion Week gelten ganz eigene Regeln. Sobald man das Zelt beschritten hat, befindet man sich in einem Parallel-Universum. Hier zählt neben der Mode und den Designern, nur wer man ist oder vorgibt zu sein. Popularität wird anhand der Anzahl

> 66 **Wer nicht mit der Zeit geht, der geht mit der Zeit!** 99

von Fotografen, die sich um einen scharen, oder der Reihe, in der die Show begutachtet werden darf, gemessen. Wer in der Front-Row sitzt, hat es geschafft – zumindest für die nächsten 20 Minuten. Dann geht der Geltungsdrang von vorne los. Stars wie Boris Becker oder Sylvie Meis haben von Natur aus ein Vorrecht auf die Front Row, Moderedakteure oder Kolumnisten werden je nach Wichtigkeit ihrer Funktion platziert, und die immer zahlreicher werdende Schar der quietschbunten, schrillen, überschminkten und äußerst nervigen Paradiesvögel muss sich durch Auffälligkeit den Platz hart erkämpfen.

WIE HOCH IST DIE „MACHT" DER BLOGGER HEUTE EIGENTLICH?

Junge, fleißige Fashionistas, die im Internet heimlich still und leise eine große Leserschaft um sich scharen, zeitnah berichten und somit immer mehr an Bedeutung gewinnen – sehr zur Verärgerung der gestandenen Moderedakteure. Meine Antwort auf die verärgerten Worte eines Redakteurs, der es nicht verkraften konnte, dass ich drei Reihen vor ihm saß: „Wer nicht mit der Zeit geht, der geht mit der Zeit!"

www.thebrunettebarbecue.com

> **Irgendwie bin ich schon ein Mädchen!**

Ultimative Style Tipps

KANN MAN STRATEGISCH SHOPPEN GEHEN?

Shopping und Strategie? Oh ja! Wer sich vor dem Trip in die Einkaufsmeile gut überlegt, was er wirklich braucht und wirklich möchte, sowie welches Budget er sich setzt, verhindert das Fehlkaufrisiko auf ein Minimum. Ja, es ist zu verlockend, einfach ohne Plan los zu marschieren, und dem Impuls nachzugeben, dass man dringend IRGENDWAS neues braucht. Aber meistens endet das damit, dass man das zehnte blaue Ringelshirt und die fünfte Skinny-Jeans kauft. Was nicht wirklich befriedigt. Deshalb hier einige Tips, damit die Jagd nach neuen It-Pieces auch von Erfolg gekrönt wird:

WAS PRAKTISCHES ANZIEHEN:

Ziehe dich so an, dass du aus deinen Klamotten immer wieder schnell raus- und wieder reinschlüpfen kannst. Also nicht unbedingt die Strumpfhose, das zu enge Kleid, die Stiefel mit der aufwendigen Schnürung. Am besten Ballerinas oder Slipper (sorgen auch dafür, dass du den stundenlangen Fußmarsch länger durchhälst), in die du einfach rein- und rausschlüpfen kannst. Bequeme Hose, bequemes leichtes Jersey-Shirt (verhindert elektrostatische Aufladung der Haare beim Über-den-Kopf-Ziehen).

NIMM JEMANDEN MIT, DER DICH WIRKLICH GUT BERATEN KANN:

Natürlich gehen wir Mädels gerne mit den Freundinnen auf die Klamotten-Pirsch. Aber wenn die keine Ahnung von Mode und Style haben, nützt das natürlich nichts. Nimm jemanden mit, dessen Stil du bewunderst, und dessen Stil dir auch wirklich gefällt. Nimm niemanden mit, wo Konflikte vorprogrammiert sind (Partner, Mutter, zickige Freundin). Und wenn du lieber alleine gehen willst, ist das auch völlig okay.

DENKE NACH:

Was will ich haben? Wo will ich shoppen? Wieviel Geld darf ich ausgeben? Wenn du diese Fragen nicht klar beantworten kannst, dann lass es. Dann hebe dir dein Geld und deine Zeit auf für den Moment, wo du diese Fragen wirklich beantworten kannst. Spart viel Frust! Wer nicht weiß, was er kaufen soll, sondern einfach nur so aus Langeweile shoppen geht, greift meistens völlig daneben. Klar, man kann auch mal einen Glücksfund machen, aber das ist eher die Ausnahme.

> "Mode bringt einerseits die Zugehörigkeit zu einer sozialen Schicht zum Ausdruck und betont andererseits das Einmalige, Unverwechselbare der Persönlichkeit."
>
> Gertrud Lehnert, Deutsche Literaturwissenschaftlerin

> "Der Stil ist der Mode überlegen. Er läßt sich von der Mode anregen und greift ihre Ideen auf, ohne sie ganz zu übernehmen. Niemand mit Stilbewußtsein würde seine Art, sich zu kleiden, nur um der Mode willen radikal ändern. Was Stil von Mode unterscheidet, ist die Qualität."
>
> Giorgio Armani,
> Italienischer Designer

WELCHE TEILE KOMMEN NIE AUS DER MODE?

Es gibt die berühmten Klassiker, die man sich einmal im Leben kauft, und die man immer tragen kann. Sie sind unsere Freunde im Schrank, die uns durch alle modischen und sicher auch persönlichen Höhen und Tiefen begleiten. Die man mit allem kombinieren kann, egal, welcher Trend sonst gerade so angesagt ist. In diese Teile kann man immer investieren, und hier lohnt es sich, gute Qualität oder gern auch ein Designer-Stück zu kaufen. Das Faszinierende an diesen Teilen ist auch, dass wir nie die Lust an solchen Stücken verlieren. Ein Burberry-Trenchcoat zum Beispiel wird uns immer Spaß machen, wir sehen uns nie satt an ihm. Zu diesen Klassikern gehören:

DER TRENCHCOAT:

Ob offen getragen oder zugebunden, passt zu allem. Immer. Ob mit Kleid oder Jeans und Turnschuhen - sieht einfach immer Klasse aus. Wie eine Lederjacke gewinnt auch ein Trench mit den Jahren immer mehr an Charakter und wird immer schöner. Auf Flohmärkten oder in Secondhandläden kann man wahre Design-Schnäppchen machen. Wichtig ist: Der Trench sollte aus schwerem Gabardine-Stoff sein. Bitte kein glänzendes Synthetik oder Baumwolle, das sieht nicht classy aus und verliert schnell die Form.

GUTE BOOTS:

Richtig gute Leder-Stiefel in klassischem Schnitt und in klassischen Farben (schwarz oder braun) passen auch zu fast allem und kommen nie aus der Mode. Stiefel nach einer Saison zum Schuster bringen, neu besohlen lassen und das Leder regelmäßig pflegen - so sind sie uns jahrelange treue Begleiter.

DAS WEISSE ODER SCHWARZE HEMD:

Betonung liegt auf Hemd. Nicht Bluse. Blusen wirken schnell spießig. Ein Hemd, vielleicht aus dem Schrank deines Liebsten, lässig geschnitten, ohne Schnickschnack, wirkt immer cool. Ob zu Jeans oder Leggings oder Rock oder Shorts. So ein Hemd kann fast jedes Outfit verwandeln.

DER KASHMIRPULLOVER MIT V-AUSSCHNITT:

Wer einmal einen Kashmir-Pullover anhatte, will nichts anderes mehr auf der Haut spüren. Ein eng anliegender Kashmir-Pullover sieht immer schick und lässig zugleich aus, egal in welcher Farbe. Und er steht wirklich jeder Frau. Man kann ihn casual als auch sophisticated kombinieren. Zu Hosen, zu Röcken, zu Jeans. Er funktioniert im Business als auch in der Freizeit.

Kashmir hat ab und zu Pflege nötig: Da echter Kashmir fusselt, lohnt sich die Investition in einen kleinen elektrischen Fussel-Rasierer. So übersteht das gute Stück Jahre.

BASICS:

Mit Basics sind die unauffälligen aber eigentlich wichtigsten Teile gemeint, die jedes Outfit bestimmen. Basics sind T-Shirts und Longsleeves in den Farben schwarz, weiß, grau und navy. Sie passen unter jeden Strickpulli oder Blazer. Es sieht immer betont lässig aus, wenn ein Shirt unter einem Pullover herauschaut (am besten in einer anderen Farbe als der Pulli). Seiden-Tops gehören auch in die Kategorie Basics, am besten in schwarz und nude.

INTER VIEW
DIE UNAUFGEREGTE

LEONIE STOCKMANN ♡ FASHIONSTORE-BESITZERIN „SIMON & RENOLDI"

Die Entstehungsgeschichte von einem der ersten „Concept-Stores" in Köln ist legendär: Die beiden Gründerinnen Olivia Zirkel und Leonie Stockmann liefen sich an Karneval im berühmten Haus Unkelbach über den Weg. Und zwischen etlichen Kölschs und viel Karnevals-Geschunkel beschlossen sie, gemeinsam einen Laden zu eröffnen. Und was ein Kölner an Karneval beschließt und mit reichlich Kölsch begießt, wird auch in die Tat umgesetzt: Nur 9 Monate später, im August 2008, öffnete „Simon und Renoldi" (die Geburtsnamen der beiden Gründerinnen) seine Türen. Das Angebot war bis dato neu, genauso wie der Begriff „Concept Store", denn Leonie und Olivia wagten sich als eine der ersten an das, was woanders schon längst Trend war.

Gemeinsam mit ihrer Partnerin Olivia hat Leonie, gelernte Kulturwissenschaftlerin und Kommunikationswirtin, eine Style-Oase im belgischen Viertel geschaffen. Wo derzeit rundum noch teilweise eher unschöne Ecken das Bild des Viertels prägen (Parkhaus, fragwürdige Shisha-Bars etc), die wenig Esprit, Charme und Schick verheißen, taucht man bei „Simon und Renoldi" in eine Welt des Stils und Luxus ein.

66 Ich wollte schon immer meinen eigenen Laden haben. 99

INTERVIEW **DIE UNAUFGEREGTE**

WAS IST DAS KONZEPT VON SIMON UND RENOLDI?

Bei Simon und Renoldi geht es um Individualität, Persönlichkeit und den Blick für das Besondere. Es geht nicht nur um das einzelne Produkt, sondern um einen individuellen Lebensstil. Bei uns bekommt man vom kompletten Outfit über Bücher und Geschenkartikel bis hin zu Einrichtungsgegenständen Dinge, die Spaß machen. In ungezwungener Atmosphäre Dinge entdecken und probieren und bei Bedarf umfassende, schonungslos offene Beratung. Bei uns gibt es wenig ‚Bling-Bling', die Sachen haben Stil. Individualität statt Mainstream.

IST ES DENN SCHWER, EINEN LADEN AUFZUMACHEN UND AUFZUZIEHEN?

Wenn das Herz für das Vorhaben schlägt und die nötige Leidenschaft da ist, fällt es nicht schwer, einen Laden aufzumachen bzw. ein Konzept für einen solchen zu entwickeln. Soviel zur Theorie. Im Alltag gibt es jedoch schon Hürden, die Theorie in die Praxis umzusetzen. Das

> 66 **Man muss in der Lage sein, kurzfristig umdenken zu können, erfolgreiche Monate sind kein Garant für dauerhaften Erfolg.** 99

fängt bei der Finanzierung des Vorhabens an, geht über die Locationsuche, die Verfügbarkeit der gewünschten Labels/Produkte bis hin zu einem guten Team im Verkauf sowie hinter den Kulissen. Vor lauter Euphorie darf auch nicht der Realitäts-Check fehlen. Ebenso muss man in der Lage sein, kurzfristig umdenken zu können, erfolgreiche Monate sind kein Garant für dau-

erhaften Erfolg. Zum Aufbau eines eigenen Ladens braucht man eine Menge Durchhaltevermögen, Energie und immer wieder neue Ideen, die Kunden zu begeistern.

RICHTET IHR EUCH MIT EUREM ANGEBOT SPEZIELL AN DIE KÖLNER?

Einen eindeutigen Kölner Style, so wie es ihn für Berlin zum Beispiel gibt, gibt es meiner Meinung nach nicht. Unser Angebot ist Mischung aus überregionalen und internationalen Produkten. Das, was zum Beispiel auf den Laufstegen gezeigt wird, funktioniert nicht zwingend hier bei uns. Natürlich kommen jede Saison aktuelle Trends auf die Stange – aber gemäßigt bzw. angepasst an unsere Kundschaft. Wir achten auf eine gute Mischung aus Basics und besonderen Teilen.

WER SIND EURE KUNDEN? WOHER KOMMEN SIE?

Unsere Kunden sind sehr qualitätsbewusste und modeaffine Frauen in nahezu jeder Altersklasse. Frauen, die authentisch sind und ihren eigenen Stil gefunden haben. Sie machen nicht zwingend jeden Trend mit bzw. nur, sofern sie ihn auch tragen können. Durch unseren Online-Shop bedienen wir Kunden deutschlandweit. Ein geringer Teil kommt auch aus der Schweiz sowie aus Österreich. Oftmals besuchen diese Kunden uns auch in Köln, wenn sie in der Gegend sind. Stationär kommen unsere Kunden vor allem aus Köln und dem Kölner Einzugsgebiet Neuss, Düsseldorf, Krefeld, Essen, Wuppertal sowie aus den Niederlanden und Belgien.

WENN JEMAND EINEN LADEN AUFMACHEN WILL, SO WIE IHR, WELCHE ESSENTIELLEN TIPS HÄTTEST DU DA?

Den richtigen Partner zu finden und eine klare Aufgabenverteilung. Eine genaue Marktanalyse und Ausarbeitung des eigenen Konzepts. Bei der Standortwahl sollte man keine Kompromisse machen. Wareneinsatz genau berechnen und die Abverkäufe sowie Lagerbestände ständig im Blick haben.

WIE STELLT IHR DAS ANGEBOT FÜR EUREN SHOP ZUSAMMEN?

Da wir aufgrund unserer Kinder nicht mehr jeden Tag selber im Laden sein können, ist es uns sehr wichtig, nah an unseren Mitarbeitern zu sein und einen kontinuierlichen Austausch zu haben. Wir treffen die grundsätzliche Auswahl auf verschiedenen Messen etc., stimmen aber die einzelnen Kollektionen mit unserem Team ab. Wir sind auch offen für jeden Vorschlag aus dem Team – gemeinsam gestalten ist hier die Devise!

WAS IST DENN DEIN PERSÖNLICHER STYLE?

Wer mich kennt, weiß, dass ich nicht dem typischen Fashion-Victim entspreche. Während meines Studiums und auch noch kurz vor der Eröffnung von Simon und Renoldi war mein Style eher klassisch. Heute würde ich meinen Style als schlicht, unaufgeregt und lässig bezeichnen. Ich liebe Skinny-Jeans in allen Waschungen genauso wie lässige Boyfriend-Schnitte und kombiniere diese meistens mit einfachen Oberteilen und Shirts plus Lederjacke, Sneaker bzw. Boots und Tüchern. Mein Style ist clean, wenig verspielt. Ich trage so gut wie nie Kleider. Wobei es tolle

„**Den Mut** in Sachen **Fashion,** den ich mir von den **Kölnern** wünsche, stünde mir auch ganz gut zu Gesicht."

INTERVIEW **DIE UNAUFGEREGTE**

Kleider gibt. Ich sehe sie einfach nicht an mir. Den Mut in Sachen Fashion, den ich mir von den Kölnern wünsche, stünde mir auch ganz gut zu Gesicht.

WIE IST MAN IMMER TOP ANGEZOGEN?

Schwarze Skinny-Jeans, schlichtes, weißes Shirt plus schwarzer Smokingblazer. Dazu Pumps oder Boots. Im Sommer auch gerne Ballerinas.

UND WOVON SOLLTE MAN LIEBER DIE FINGER LASSEN?

Kleine Lederrucksäcke, Schuhe von Melissa oder Crocs. Da gibt es zu viele Dinge, um sie alle namentlich zu nennen.

WOHER KOMMT DEINE LIEBE ZUR MODE?

Ich weiß es gar nicht so recht. Ich hatte von Haus aus nie eine besondere Verbindung zur Modewelt. Mich haben jedoch gut gemachte Mode-Magazine magisch angezogen, sodass ich zunächst den Weg in die PR gewählt und mich eher um die Vermarktungsthemen gekümmert habe. Mit der Zeit kam

> ❝ **Mode ist auch immer eine Folge wirtschaftlicher Verhältnisse und deren Veränderungen.** ❞

dann der Hang zu schlichten, qualitativ hochwertigen Styles mit besonderen Details. Die Vorstellung, irgendwann mal einen eigenen Laden zu eröffnen, hatte ich auch schon sehr früh. Ich glaube, mich hat es gereizt, eine kleine eigene Welt zu kreieren, die jedoch nicht nur aus Mode, sondern ebenso aus Home Fashion Accessoires, schönen Büchern und mehr besteht. Da bot es sich an, einen Concept Store zu eröffnen. Als ich dann Olivia traf, waren wir uns schnell einig, dass wir das Wagnis eingehen möchten, und so hatte ich einen Sparingspartner bzw. einen wunderbaren Counterpart gefunden.

WIE SIEHST DU DIE MODE DER ZUKUNFT, WO GEHT ES HIN?

Das ist schwierig zu sagen. Ich sehe Mode auch immer als eine Folge wirtschaftlicher Verhältnisse und deren Veränderungen. Das Verhältnis der Jugend zur Mode hat sich gewandelt. Daraus leitet sich in meinen Augen auch die Mode der Zukunft ab. Sie dient nicht nur dem guten Aussehen, sondern man bedient sich an ihr, um an der eigenen Persönlichkeit zu feilen. Es wird weg gehen von der Uniformiertheit, es geht eher darum, Individualität zu zeigen. In der Zukunft wird es immer schwieriger, einen Trend zu benennen.

INTERVIEW **DIE UNAUFGEREGTE**

Ich habe mal gelesen, dass „die Mode der Zukunft eine Vollversammlung der Stile der letzten 50 Jahre ist". Ich denke, dass trifft es sehr gut.

HAST DU EIN STYLE-VORBILD?

Für mich ist das Ines de la Fressange. Ist jetzt wahrscheinlich etwas abgedroschen, aber ich finde, sie hat einen ganz eigenen Stil. Losgelöst von überspitzten Trends, aber trotzdem stylish. Von ihr stammt auch der Satz: „Temps en temps, moins, c'est mieux." Das trifft meine Vorstellung von Style sehr genau.

HAT KÖLN DENN EINEN EIGENEN STYLE?

Kölner Style hat in der breiten Öffentlichkeit viel mit Marken zu tun. Da wird schnell zur Moncler Jacke, den Ugg Boots und der 7for-all-Mankind-Jeans gegriffen. Der Kölner Style ist wenig individuell.

> **Den Kölnern fehlt modisches Fingerspitzengefühl.**

KANN KÖLN SICH DENN IN SACHEN STYLE VON ANDEREN STÄDTEN, WIE BERLIN ODER MÜNCHEN, ABHEBEN?

Berliner Style: Starkes kreatives Umfeld. Aus Designer-Stücken, Selbstgemachtem und Vintage setzt sich ein Stil zusammen. Aus unserer Erfahrung heraus können wir sagen, dass der Berliner Style auf jeden Fall nicht in Köln funktioniert. Münchener Style: Die Münchener sind nicht gerade für einen auffälligen Style bekannt. Hier geht es um einen konservativen Chic, der extrem über Marken transportiert wird. Im Unterschied zu den Berlinern sind die Kölner weniger experimentierfreudig und klar mehr vom Mainstream geprägt. Im Vergleich zu München braucht der Kölner kein „Chi-Chi", er inszeniert sich weniger. Nimmt sich selbst nicht so wichtig.

LEGT MAN IN KÖLN ÜBERHAUPT WERT AUF STYLE UND MODE?

Auch das lässt sich nicht pauschal beantworten. Die jüngere Generation mit Sicherheit. Was aber auch auf die Entwicklung von Facebook etc. zurückzuführen ist. Dieses „das muss ich haben" in Sachen Mode und Style ist per se nicht so ausgeprägt in Köln. Sagen wir es so, es gibt mit Sicherheit viele Städte, wo deutlich mehr Wert auf Style und Mode gelegt wird.

IST KÖLN AN SICH EINE MODISCHE STADT?

Köln ist besonders. Die einzelnen Stadtteile haben ihre besonderen Eigenarten und auch Highlights. Es existiert auch durchaus das Nebeneinander alter und neuer Impulse, aber dennoch würden wir Köln nicht als modisch bezeichnen.

SIND DIE KÖLNER MODISCH?

Die Frage lässt sich nicht mit ja oder nein beantworten. Es ist sicherlich stark von der Zielgruppe abhängig. Junge Kölner kleiden sich sehr modisch und sind auch informiert. Dennoch man wird man als Besucher in Köln nie das Gefühl haben, man sei schlecht gekleidet, was man – läuft man über die Straßen Mailands oder Paris - zwangsweise hat: Zu jeder Tageszeit und zu jedem Anlass sind die Menschen dort immer perfekt angezogen, ohne dabei bloß modisch zu sein. Das lässt sich von den Kölnern nicht ohne Abstriche sagen. Es fehlt teils an ein bisschen Fingerspitzengefühl. Der bzw. die Wunschkölnerin wäre modisch gerne mutiger (was im übrigen auch für mich selbst zutrifft) und weniger am Mainstream orientiert.

HAT KÖLN GENUG DESIGNER, KREATIVSZENE, FASHION-SZENE, LÄDEN, SHOPS?

Köln hat eine sehr rege Design- und auch Kreativszene. Man muss allerdings auf die Suche gehen. Manchmal haben wir auch den Eindruck, dass gerade in diesen Bereichen vieles die Stadt „verlässt" und woanders mehr wertgeschätzt wird. Eine wirkliche Fashionszene gibt es unter den Jüngeren durchaus, was sich auch in den zahlreichen individuellen Läden der einzelnen Stadtviertel widerspiegelt. Die Shopauswahl auf den großen Einkaufsstraßen entspricht der aller großen Städte und ist in unseren Augen einfältig. Aber in den einzelnen Viertel gibt es schon coole, individuelle Läden.

WELCHE EVENTS GIBT ES IN SACHEN MODE IN KÖLN, DIE IHR EMPFEHLEN KÖNNT?

Hier denken wir in erster Linie natürlich an „Le Bloc". Diesen Event haben wir selber mit initiiert, und es hat sich über die letzten Jahre toll entwickelt.

WENN DU TEILE NICHT MEHR MAGST, WAS MACHST DU DAMIT?

Ich verschenke sie oder bringe gut erhaltene Teile in einen Second-Hand-Laden in Bayenthal. Meine Empfehlung: Julia Keller in der Goldsteinstraße.

www.simonundrenoldi.com

"Fashion Quotes"

"Für mich ist Mode niemals Kunst. Wir brauchen Fashion nicht. Wir brauchen Kleidung für unseren Körper. Wir brauchen Essen und Wasser. Wir brauchen einen Ort, an dem wir leben können."

Marc Jacobs,
US-Amerikanischer Designer

"Mode ist die erste Stufe der Emanzipation."

Miuccia Prada,
Italienische Designerin

"Ich würde sagen, dass Styling eine individuelle Leistung ist. Jeder kann die Dinge auf seine eigene Art interpretieren."

Isabel Marant,
Französische Designerin

"Shopping ist mein Herz-Kreislauf-Training."

Carrie Bradshaw,
New Yorker Stil-Ikone

"Ich bin für Meinungsfreiheit, und das beinhaltet die Freiheit, sich so kleiden zu können, wie man will."

Maxime Simoens,
Französischer Designer

"Du musst versuchen, glücklich auszusehen. Auch wenn du ein Kleid trägst, das du bereust, ausgesucht zu haben."

Natalie Portman,
Israelisch-US-Amerikanische Schauspielerin

"Mode sollte eine Art Flucht aus der Realität sein und kein Freiheitsentzug."

Alexander McQueen,
Britischer Designer

„Ich habe immer geglaubt, dass Mode nicht nur dazu da ist, um Frauen schöner zu machen, sondern sie auch zu beruhigen, ihnen Selbstvertrauen zu geben."

Yves Saint Laurent,
Französischer Designer

"Man erkennt an den Klamotten, wie Menschen im Kopf ticken. Wenn einer 'ne Lederjacke trägt, dann weiß man, ah, der hört wahrscheinlich auch Rockmusik."

Wilson Gonzales Ochsenknecht,
Deutscher Schauspieler

INTERVIEW
DIE FASHIONISTA

NAZHAT WAHAB ♡ FASHIONISTA ♡ TEAM MEMBER BOUTIQUE BELGIQUE

Nazhat ist eine „Fashionista" wie sie im Buche steht. Die Media-Management-Studentin mixt und kombiniert Stile, das einem die Ohren schlackern. Aber an ihr sieht immer alles top aus. Neben ihrem Studium arbeitet sie als Verkäuferin in der „Boutique Belgique", wo sie mit ihrem Gespür für coole Looks schon so mancher Kundin ein stylishes Outfit zusammen gezaubert hat.

„**Mode** ist **ein Teil** meiner **Selbstreflexion.**"

WAS IST DEIN PERSÖNLICHER STYLE?

Ein Mix zwischen Streetwear, Chic, Hip-Hop und Rock.

WELCHE MODE-TIPS HAST DU FÜR FASHIONISTAS?

Zieht an was euch steht und nicht unbedingt das, was gerade trendy ist. Es muss authentisch sein, sonst wirkt es verkleidet und eher lustig.

> 66 **Meine Intuition für das perfekte Outfit braucht nicht lange.** 99

WOHER HOLST DU DIR DENN DEINE INSPIRATIONEN FÜR DEINEN STYLE?

Künstler, Modeblogs & Musiker sind eine großartige Inspirationsquelle. Musik inspiriert mich jedes Mal aufs Neue.

WAS KANNST DU MODETECHNISCH GAR NICHT VERZEIHEN?

Leggins und bauchfreies Top, Horror! Glitzer-Pink-Rüschen in Kombination geht nie gut.

WOHER KOMMT DEINE LIEBE ZUR MODE?

Ich liebe es, mich wohlzufühlen, daher ist mein Kleiderschrank facettenreich und Mode ein Teil meiner Selbstreflexion.

WER SIND DEINE FASHION-IKONEN?

Mathangi „Maya" Arulpragasam, auch als M.I.A bekannt, ist meiner Meinung nach die Fashion-Ikone unserer Zeit. Sie verkörpert den urbanen Großstadt-Stil Londons. Brigitte Bardot, ich mag die Sinnlichkeit und die Weiblichkeit, die sie verkörpert hat. Alexander Wang, Pharrell Williams, Karl Lagerfeld.

KANN KÖLN MODE?

Natürlich wird hier Wert auf Mode gelegt. Wenn man die Ringe außer Acht lässt, ist unsere Stadt modebewusst und wird immer individueller. Köln hat einiges zu bieten, aber es gibt definitiv noch Potential nach oben.

BRAUCHST DU LANGE, UM DAS PERFEKTE OUTFIT ZU FINDEN?

Meine Intuition für das perfekte Outfit braucht nicht lange. Das Wetter spielt jedoch eine wichtige Rolle, daher muss das perfekte Outfit immer flexibel sein, sodass ein Shirt schnell durch einen Hoodie ausgewechselt werden kann oder ein Cardigan durch ein Tanktop.

ULTIMATIVE STYLE TIPPS

HOL DIR INSPIRATION!

Jeder hat seinen Favourite-Style, seine persönlichen Lieblings-Labels und -Shops, seine individuellen Stil-Ikonen. Damit du immer auf dem Laufenden bleibst, abonniere die Newsletter der von dir geliebten Shops, schau, ob deine Fashion-Ikone bei Facebook, Instagram und Co. ist und abonniere sie. So bekommst du regelmäßig Anregungen und Ideen für deine nächste Shopping-Tour. Und wenn du jemanden auf der Straße siehst, der etwas anhat, was dir richtig gut gefällt, dann frag ruhig nach! Zudem fühlt sich dann der oder die angesprochene Fashionista auch sehr geschmeichelt und du sorgst für gute Laune.

> „Eine Handtasche muss bei einer Frau so intensive Gefühle wecken wie das Lieblingsspielzeug bei einem Kind."
>
> Gabriele Strehle, Deutsche Designerin

Studiere Looks und Styles in Zeitschriften, Blogs, Filmen und Fernsehserien, die dir gefallen. Serien wie "Gossip Girl" oder "Sex and the City" sind echte Inspirations-Quellen. Dabei geht es natürlich nicht darum, dass du irgendeinen Star kopieren oder imitieren sollst, sondern du lernst, deinen Blick zu schulen und wirst bei der Auswahl deiner Styles und Looks immer sicherer.

> "Heutzutage kommen die jungen Leute mit Shopping-Chromosomen auf die Welt."
>
> Franco Moschino, Italienischer Designer

DIE PERFEKTE TASCHE

Sogenannte It-Bags und Must-Haves lassen uns Frauen natürlich immer wieder Stielaugen bekommen. Natürlich ist es etwas Besonderes, wenn wir lange auf ein Stück unserer Begierde hinsparen und sie dann irgendwann in den Händen halten dürfen. Dann tragen wir diese Tasche auch mit Stolz, sie sorgt dafür, dass wir uns sicher und toll fühlen. Und dann ist diese Tasche auch jeden Cent wert. Trotzdem brauchen wir nicht nur nach den It-Bags zu schielen, es gibt so viele tolle Taschen, auch für wenig Geld. Taschen sind für Fashionistas natürlich nicht nur ein praktischer Beutel, mit dem man Dinge transportieren und immer bei sich haben kann, nein, Taschen sind Accessoires und Statement zugleich. Taschen können ein Outfit aufwerten - aber auch zunichte machen. Verkrustetes, kaputtes und schmutziges Leder, eine allzu offensichtliche Kopie und Dreck, der rauskrümelt, sind unverzeihliche Fehler. Es lohnt sich zu sparen, um sich eine schöne Tasche leisten zu können, und es lohnt sich, sie gut zu pflegen. Dann kann uns die Tasche auch ein Leben lang begleiten.

> „Gib einem Mädchen die richtigen Schuhe, und sie wird die Welt erobern."
>
> Bette Middler, US-Amerikanische Schauspielerin

INTER VIEW
DER JUTEBEUTEL-MACHER

SEBASTIAN SCHMIDT ♡ DESIGNER

Man könnte meinen, Sebastian ist ein wasch-echter Berliner. Seine Styles könnten dem Hipster-Mekka Berlin-Mitte entspringen. Aber nein, Jutebeutel ist ein echtes Kölner Baby!

Vielleicht liegt es an seinem Beruf, dass Sebastian auf die Idee kam, schnöde Jutebeutel zu verschönern. Denn Sebastian ist tatsächlich Deutschlehrer und unterrichtet an einer Realschule. Und haben nicht immer die Deutschlehrer früher die Hefte und Butterbrotdosen in fragwürdigen Stoffbeuteln transportiert? Sein Beitrag also zum Projekt "Verschönert Deutschlands Schulen!". Und so ergänzen sich bei ihm Klassenzimmer und eigenes Design-Atelier auf wunderbare Weise. Er erkannte den Trend mit den Jutebeuteln schon früh, als andere noch dachten, das sei nur ein praktisches Einkaufs-Werkzeug. Aus einer Laune heraus kreierte er seine eigenen Beutel, denn wenn man schon was um die Schulter hängen hat, dann soll das wenigstens auch cool aussehen Seine Freunde waren begeistert und wollten seine witzig gestalteten Stoffbeutel auch haben. Und so fing es 2010 an. Heute hat Sebastian sein eigenes Atelier mitten in Kölns Fashion Hotspot, dem Belgischen Viertel, und ein vierköpfiges Team um sich. Seine Kollektion umfasst nicht mehr nur Jutebeutel, sondern auch Shirts, Hoodies und Mützen. Sein Markenzeichen: Coole Sprüche und Sätze, die aber weit entfernt von den Jahrmarkts-Sprüche-Shirts à la „Ich war als Kind schon Scheiße" oder „Bier formte diesen Körper" sind. Seine Statements sind cool, haben Stil und immer einen ironischen Twist. Und natürlich sind sie 1a designt. Sprüche auf T-Shirts drucken kann eben nicht jeder, und das beweist keiner so sehr wie Sebastian: Seine Mützen, Shirts und Jutebeutel werden regelmäßig in den Style-Bibeln der Branche (Jolie, Gala, InTouch) als absolute Must-Haves und It-Pieces vorgestellt.

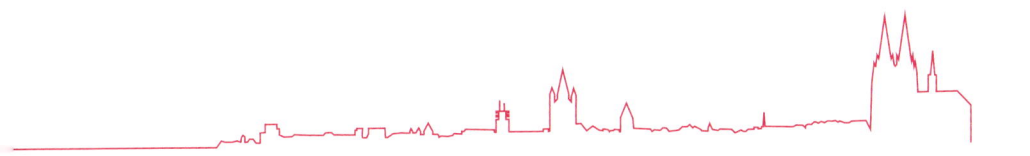

Bleibt nur zu hoffen, dass Sebastian Köln treu bleibt – und er nicht doch nach Berlin abwandert!

INTERVIEW **DER JUTEBEUTEL-MACHER**

WO VERKAUFST DU DEINE PRODUKTE?

Ich verkaufe meine Designs hauptsächlich in meinem eigenen Onlinestore auf www.juteBeutel.net und in ausgewählten Stores in Deutschland, Österreich und der Schweiz. Eine gemeinsame Kollektion mit Boutique Belgique gibt es im Store im Belgischen Viertel zu kaufen.

> **Mode soll Spaß machen und nicht angestrengt sein.**

DU BIST DEUTSCHLEHRER – UND VON DENEN HAT MAN JA EHER EIN, NAJA, UNMODISCHES BILD VOR AUGEN. WIE KAMST DU DENN ÜBERHAUPT ZUR MODE?

Mich hat Mode schon immer interessiert und fasziniert. Mode als Beruf auszuüben, hat sich eher zufällig entwickelt.

HAST DU DESIGN STUDIERT?

Nein, ich habe Germanistik studiert um den Lehrerweg einzuschlagen. Den Drang nach kreativer Entfaltung habe ich aber auch damals schon gespürt, so dass ich mich bei Axel Springer in Berlin im Journalismus ausprobierte und später in einer PR-Agentur in Hamburg gejobbt habe. Die Kunden, die ich dort betreut habe, kamen hauptsächlich aus dem Modebereich, so dass ich erste berufliche Erfahrungen mit Mode machen konnte.

WIE KAM ES DAZU, DEINE EIGENEN DESIGNS ZU MACHEN?

Ich habe vor 4 Jahren angefangen, Jutebeutel zu gestalten und zu vertreiben. Anfangs nur für mich und meinen Freundeskreis, ohne den Hintergedanken, dass daraus ein Label wächst. Mit steigender Nachfrage hat sich dann das Label entwickelt. Inzwischen sind wir ein kleines Team aus 4 Leuten und die Produktpalette hat sich um Sweater, Shirts, Caps und passende Accessoires erweitert.

> **Der ökologische Aspekt – „Jute statt Plastik" – ist entscheidend für unsere Arbeit.**

WIE WÜRDEST DU DEINEN EIGENEN STYLE BESCHREIBEN?

Persönlich kleide ich mich recht klassisch, schlicht und unkompliziert. Ich liebe Basics. Typisch für das Label sind Prints und Statements, also eher etwas progressiver und lauter, wobei die Farben eher zurückhaltend sind: Weiß, schwarz und grau dominieren. Ich selbst trage gerne skandinavische und französische Labels. Ich trage selten knallige Farben und lege Wert auf schöne Schnittführungen und harmonische, monochrome Farb-Bilder.

WORAUF LEGST DU BEI DEINER MODE BESONDERS WERT?

Wir sind trendorientiert, aber wollen unsere persönliche Handschrift in unserer Arbeit nach außen tragen. Die Qualität der Stoffe ist für uns ein wichtiges Auswahlkriterium. Außerdem drucken wir mit umweltfreundlicher Textilfarbe, da besonders der ökologische Aspekt („Jute statt Plastik") entscheidend für unsere Arbeit ist.

IST ES SCHWER, IN DER MODEBRANCHE ALS DESIGNER MITZUHALTEN?

Im Grunde liegt es an dir selbst. Du musst bereit sein, viel für deinen „Traum" zu arbeiten und den Anspruch an dich selbst haben, dich weiter zu entwickeln ohne dabei deine Zielgruppe außer acht zu lassen. Wenn du dazu bereit bist, und deine Produkte angenommen werden, ist es eine tolle Branche.

WER TRÄGT DENN DEINE JUTEBEUTEL UND DEINE SHIRTS?

Generell sehr modeaffine Jungs und Mädels, die Spaß an Trends haben.

WOHER KOMMEN DEINE KUNDEN?

Da wir hauptsächlich online verkaufen, haben wir einen nationalen und internationalen Kundenstamm. Der Vorteil am Onlineshopping ist, Kunden von überall her anzusprechen.

WORAN ORIENTIERST DU DICH BEI DEINEN DESIGNS? AM KÖLNER STYLE ODER EHER "ÜBERREGIONAL" ODER INTERNATIONAL?

Inspirationen sammeln wir überall. Auf Blogs, Magazinen, Instagram, Musikvideos und natürlich da, wo wir uns bewegen. So orientieren wir uns natürlich auch am „Kölner Style", der ja generell sehr modisch ist.

WIE KANN MAN SICH DEINEN ARBEITSPROZESS VORSTELLEN?

Wenn ich eine Idee für ein Design habe, sammele ich Moods und erstelle zu allererst ein Moodboard. Gemeinsam mit meinen Grafikern und Kommunikationsdesignern entwickeln wir daraus dann unsere Designs. Wir wählen Stoffe aus, lassen sie teilweise auch für uns herstellen, suchen nach Materialien, der jeweiligen Saison entsprechend, und führen dann beides mit unseren Druckern zusammen. Neben diesem Produktionsprozess kümmern wir uns um Pressearbeit und halten den Kontakt mit Magazinen und Bloggern, die ein wichtiges Medium sind, um unsere Produkte in die Öffentlichkeit zu tragen. Außerdem nehmen die Buchhaltung und der Kontakt mit Einkäufern großen Raum ein. Wir arbeiten im Team, sodass all diese Aufgabenfelder klar verteilt

INTERVIEW **DER JUTEBEUTEL-MACHER**

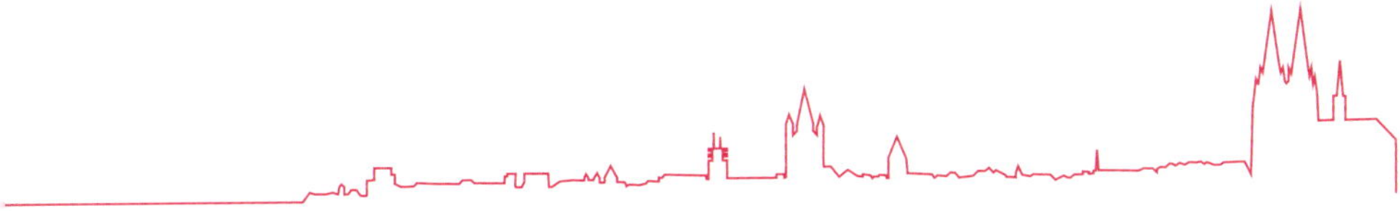

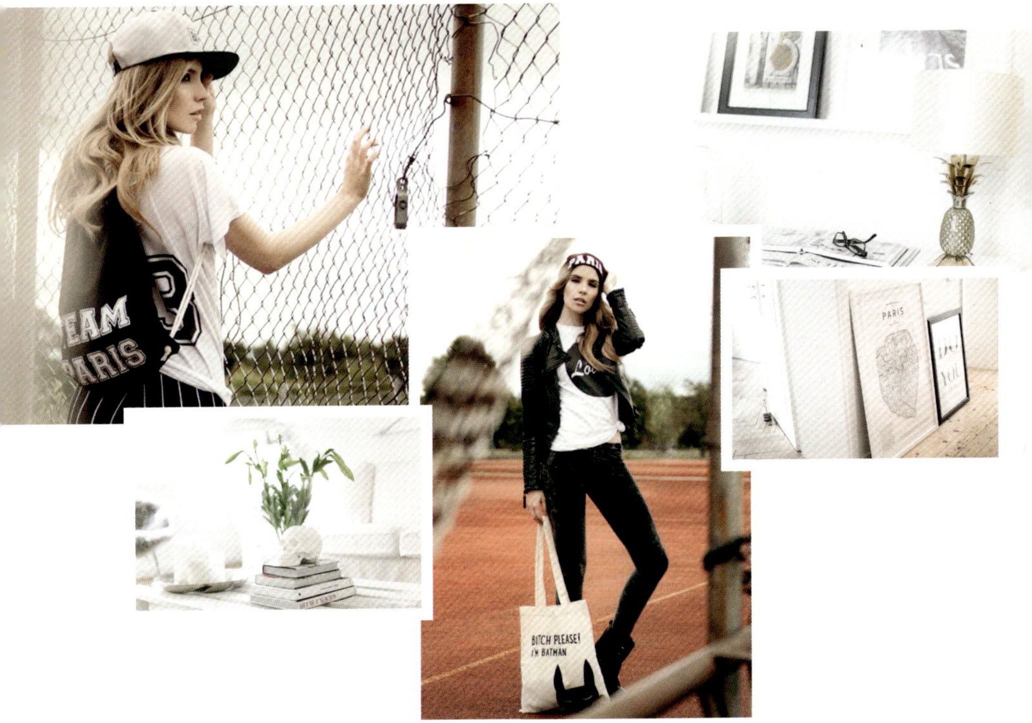
TEAM
PARIS
PARIS
BITCH PLEASE!
I'M BATMAN

INTERVIEW **DER JUTEBEUTEL-MACHER**

sind und bestens betreut werden können.

> ❝ Ich glaube, die Grenzen zwischen „GO" und „NO-GO" verschwimmen immer weiter und im Grunde ist alles erlaubt, was Spaß macht. ❞

HAST DU LIEBLINGS-DESIGNER? VORBILDER?

Vivienne Westwood und Alexander Wang.

WAS SIND DEINE LIEBLINGSSHOPS IN KÖLN?

Kleidung kaufe ich bei Daniels, Apropos - The Concept Store, The Good will Out und Vintage & Rags. Accessoires und Basics bei Boutique Belgique und im Super Store (auch wenn dort überwiegend Frauenkleidung verkauft wird, finde ich doch auch immer etwas schönes für mich). Interior kaufe ich bei BB Loves, Boogs und Geliebte Möbel.

WELCHEN ULTIMATIVEN TIP HAST DU FÜR FASHION-FANS?

Trage das, worin du dich wohl fühlst und worauf du Lust hast! Egal was andere sagen! Mode soll schließlich Spaß machen und nicht angestrengt sein.

WAS IST DEIN NUMMER-SICHER-LOOK, WORIN SIEHT MAN IMMER GUT AUS?

Eine schmale Bluejeans + Loafers und ein schönes weißes T-Shirt oder Hemd! Fertig!

WAS IST EIN ABSOLUTES MODISCHES NOGO?

Männer sollten niemals Leggings tragen. Ich weiß, in der Mode ist alles MÖGLICH aber das bleibt unMÖGLICH!

WIE GEHT ES MIT DER MODE WEITER?

Die Mode ist ein Zyklus, in der vieles wiederkehrt und ein Revival feiert – modernisiert und dem aktuellen Zeitgeist entsprechend. Ich glaube, die Grenzen zwischen „GO" und „NO-GO" verschwimmen immer weiter und im Grunde ist alles erlaubt, was Spaß macht.

GIBT ES EINEN "KÖLNER STYLE"? WIE SIEHT DER AUS?

Der „Kölner Style" ist sehr modisch und trendorientiert. Ähnlich wie in anderen Großstädten hat auch in Köln jedes Viertel seinen bestimmten Style, was sich nicht nur in der Architektur sondern auch in der Mode spiegelt. Der Ehrenfelder ist eher alternativer und progressiver gekleidet, das Mädel aus dem Belgischen Viertel trendorientiert (ist ja auch der Hot Spot um trendorientierte Kleidung in Köln zu kaufen), und die Jungs und Mädels aus Lindenthal und der Südstadt eher klassisch schick.

www.jutebeutel.net

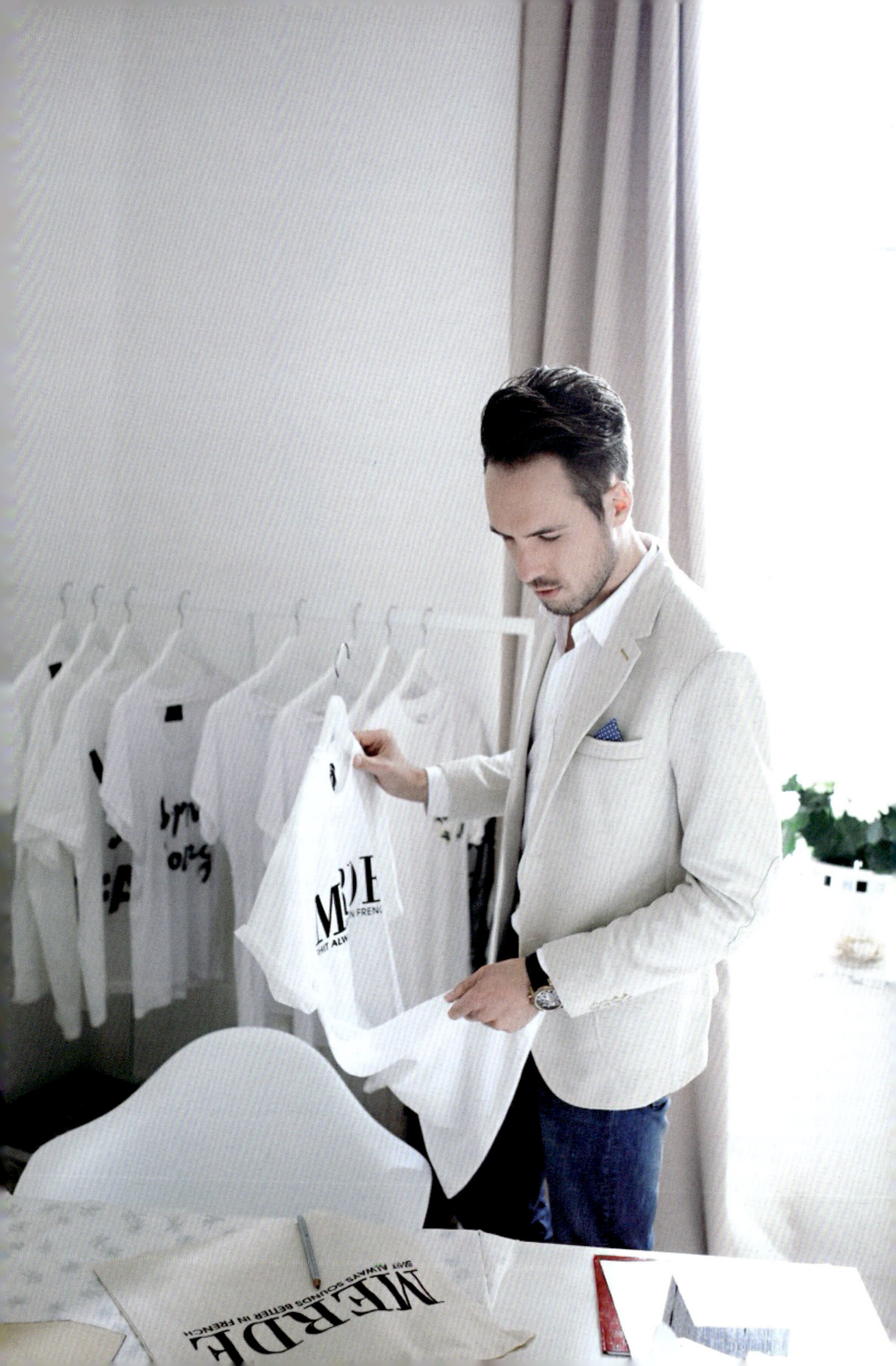
MERDE
SHIT ALWAYS SOUNDS BETTER IN FRENCH

Fashion Quotes

"In der Mode gibt es keine letzte Wahrheit. Man kann nie sagen, das ist "in" und das ist "out". Es wird immer eine Mischung geben aus dem, was gerade kommt, und dem, was gerade geht."

GIORGIO ARMANI, ITALIENISCHER DESIGNER

"Ich kenne keinen Stress, nur Strass."

KARL LAGERFELD, DEUTSCHER DESIGNER

"Für mich ist Selbstbewusstsein glamourös. Wenn man sich traut, Brüche zu tragen, zum Beispiel ein tolles Kleid und ungemachte Haare. Wenn man nicht auf Nummer sicher geht. Perfekt ist oft langweilig."

MINA TANDER, DEUTSCHE SCHAUSPIELERIN

"Der Spaß am Verkleiden beginnt im Alter von 5 Jahren und endet eigentlich niemals wirklich."

US-AMERIKANISCHE DESIGNERIN

"In flachen Schuhen kann ich mich einfach nicht konzentrieren."

VICTORIA BECKHAM, BRITISCHE DESIGNERIN

"Die Mode! Ich hasse dieses Wort! Das Wort allein ist schon passé. Was zwingt uns dazu, uns der Mode unserer Zeit anzupassen, wenn unser Look doch genauso gut avantgardistisch oder retro-vintage sein kann?"

MAXIME SIMOENS, FRANZÖSISCHER DESIGNER

"Kleidung ist ein Mittel, um sich Identität zu verschaffen. Man kann ein Leben lang sein Image und seinen Style variieren und ändern."

MAXIME SIMOENS, FRANZÖSISCHER DESIGNER

"Für mich gibt es in der Mode keine Verbote und keine No-Go's. Auch weite Pluderhosen und Leggings sind akzeptabel - wenn man es vermag, sie neu zu interpretieren und zur Geltung zu bringen. Dann ist alles möglich, mit jedem Kleidungsstück."

MAXIME SIMOENS, FRANZÖSISCHER DESIGNER

INTER VIEW
DIE ZAUBERIN

ISABELLE NIEHSEN ♡ FLORAL DESIGNER MIT EIGENEM LADEN

Isabelle ist eine Zauberin, denn was sie mit Blumen anstellt, ist pure Magie. Isabelle ist Floral Designerin – aus der Kategorie „Berufe, von denen ich gar nicht wusste, dass es sie überhaupt gibt". Ihre außergewöhnlichen floralen Dekorationen auf Events verschlagen einem den Atem. Seit 2011 hat Isabelle auch einen eigenen Laden, der wiederum so schön ist, dass man meinen könnte, mitten in Paris oder New York zu sein. Carrie Bradshaw würde jede Woche bei Isabelle vorbei schauen. Mindestens.

> „Ein Outfit ist erst gelungen, wenn es ausstrahlt, dass die Person sich darin wohl fühlt."

WAS IST DAS KONZEPT VON DEINEM AUSSERGEWÖHNLICHEN LADEN?

Mein Blumenladen und Atelier für Blumendesign in Köln „Où j'ai grandi" bedeutet „wo ich aufwuchs". Der Name erzählt eine Geschichte, von unseren Wurzeln, dem Aufwachsen, unserer Entwicklung und den damit verbundenen Erinnerungen und Gefühlen. Das sind Kernthemen in meiner Arbeit, die ich immer wieder versuche, neu zu interpretieren. In Belgien aufgewachsen, steht der französische Name natürlich auch für meine eigenen Wurzeln und schlägt die Brücke zum Pariser "L'Art du Bouquet" und dem französischen "Bouquet rond". Meine Arbeiten sind inspiriert vom traditionellen Pariser L'Art du Bouquet, flämischer Blumenmalerei aus dem sechzehnten Jahrhundert und natürlich der Natur selber, denn sie ist so facettenreich, dass auf künstliche Hilfsmittel gänzlich verzichtet werden kann. Die Natur macht vieles weitaus besser als wir.

WIE STELLST DU DEIN ANGEBOT FÜR DEINEN SHOP ZUSAMMEN?

Hauptsächlich saisonal, neben den Schnittblumen bin ich immer auf der Suche nach neuen schönen Dingen, die in den Flair von „Où j'ai grandi" hineinpassen, wie zum Beispiel neue Düfte aus London und Paris oder handgefertigte Gläser, die ich aus Marokko mitgebracht habe. Das Schöne an der Arbeit mit Blumen und Pflanzen ist, es gibt trotz den sich wiederholenden 4 Jahreszeiten immer wieder andere Materialien zu entdecken ,welche mich zu neuen Kombination inspirieren.

WELCHE MODE-TIPS HAST DU FÜR FASHION-FANS?

Weniger ist mehr. Es ist schön zu sehen, wenn Mädels sich Gedanken über ihr Outfit gemacht haben, jedoch finde ich, dass ein Outfit erst gelungen aussieht, wenn es ausstrahlt, dass die Person sich darin wohl fühlt.

INTERVIEW **DIE ZAUBERIN**

MIT WELCHEM OUTFIT KANN MAN NICHTS FALSCH MACHEN?

Weißes T-Shirt, schwarze hochgeschnittene Jeans und klassisch roter Lippenstift!

WO HOLST DU DIR INSPIRATIONEN FÜR DEINEN PERSÖNLICHEN STYLE?

Zum Beispiel in Filmen, Debra Winger in dem Film „The Sheltering Sky" hat mich dazu verleitet, mir meine Haare kurz zu schneiden.

IST KÖLN AN SICH EINE MODISCHE STADT?

Leider nicht wirklich, es wäre schön, wenn Köln sich mehr traut!

HAT KÖLN GENUG DESIGNER, KREATIVSZENE, FASHION-SZENE, LÄDEN, SHOPS?

NEIN, aber das ist nicht schlimm. Jede Stadt ist anders und hat ihre Besonderheiten. Mag sein, dass das Shoppen in Berlin mehr zu bieten hat, dafür ist Köln umso freundlicher.

WELCHE TIPS HAST DU FÜR DIEJENIGEN, DIE MIT DEM GEDANKEN SPIELEN, AUCH EINEN EIGENEN LADEN AUFZUMACHEN?

Folgende Reihenfolge einhalten: WUNSCH > TRAUM > IDEE, und keine Kompromisse eingehen.

„ Es wäre schön wenn, Köln sich mehr traut! "

www.oujaigrandi.com

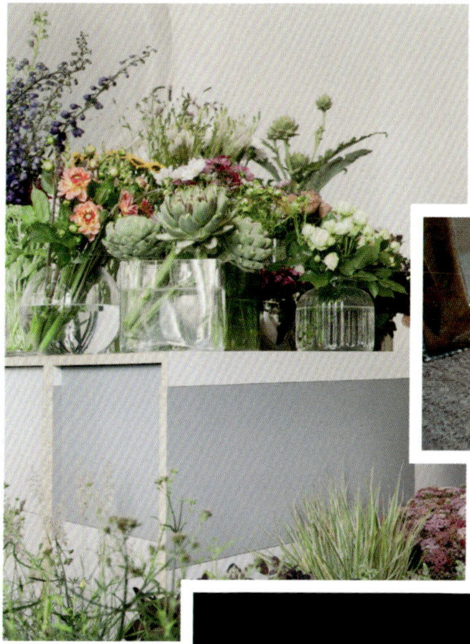

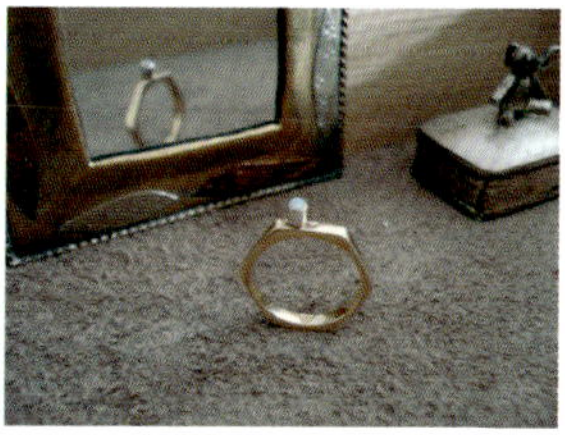

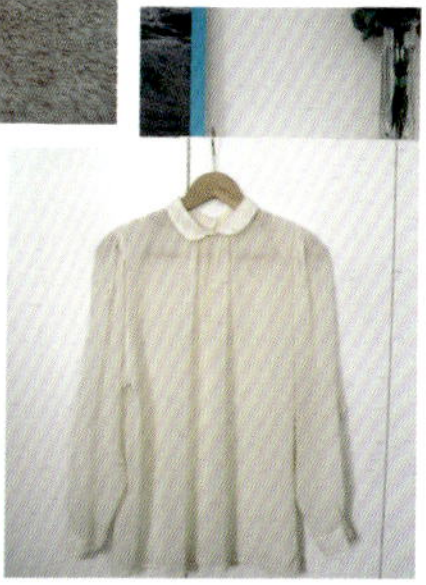

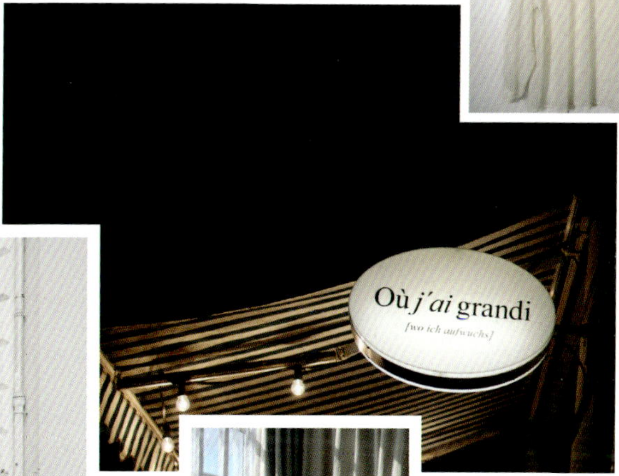
Où j'ai grandi
[wo ich aufwuchs]

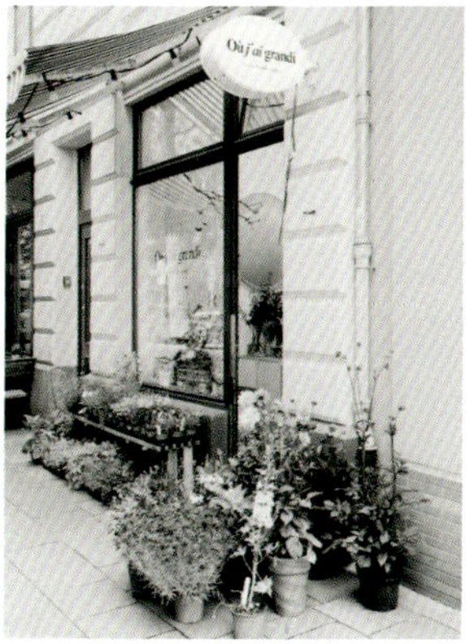

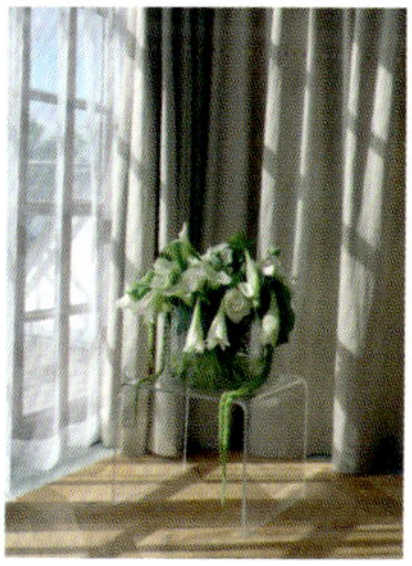

KÖLNER FASHION NOGOS
DO´S UND DONT´S

WAS IST ERLAUBT, **WAS NICHT?**

In jedes Modebuch und in jeden Artikel mit Mode-Tips gehören die obligatorischen Do´s und Dont´s. Was ist hot, was not? Auch wir hatten geplant, hier eine schöne In- und Out-Liste zu erstellen. Gehört einfach dazu. Dachten wir. Aber dann stellten wir fest, dass das einfach nicht zu Köln und den Kölnern passt. So ticken die Kölner nicht. Hier gibt es keinen geheimen Dresscode. Und das ist das Schöne und Charmante an Köln und seinem Style. Alles ist ein Do. Es gibt keine Dont´s. Erlaubt ist, was gefällt, und wenn es mir nicht gefällt, was der oder die andere da anhat, so what. Ist eben so. Geschmäcker und Jecken sind verschieden. Jeder Jeck is anders, heißt es im Kölner Grundgesetz, und so trägt jeder, was er will und für richtig hält.

Schaut man sich zum Beispiel in Deutschlands Mode-Hauptstadt Berlin um, so stellt man fest, dass es hier in Sachen Style ziemlich viele Dont´s gibt. Berlin gibt sich frei und lässig, man kleidet sich betont nachlässig, ja, fast sogar schmuddelig, dabei ist das alles so sehr inszeniert, dass es schon fast krampfhaft wirkt. Trägt man in Berlin mal was Schickeres oder etwas, was nach Düsseldorfer Schickeria aussieht, weiße Jeans mit Polohemd zum Beispiel, fühlt man sich in Berlin wie auf einem Spießrutenlauf. Völlig deplatziert. In Berlin darf man keine Marken und Logos tragen, in Berlin darf man sich nicht stark schminken, in Berlin darf man nur Vintage tragen, in Berlin müssen die Boots dreckig sein, kein Push-Up, keine Perlen, nicht zu viel Bling-Bling, keine Flipflops, keine Sprüche-T-Shirts, keine Daunenjacken und und und. Diese Aufzählung hier haben wir uns nicht ausgedacht, nein, sie stammt tatsächlich aus einem Fashion-Guide für den Berliner Style. Und auf der langen No-Go-Liste stand noch viel mehr drauf, das war längst nicht alles. Und jeder Look, der nicht in das Berliner-Style-Bild passt, wird rigoros verurteilt. Eine Berlinerin zieht dies nicht an, eine Berlinerin tut das nicht. Fazit: Es muss verdammt anstrengend sein, sich in Berlin modisch angesagt zu präsentieren. Ein strenges Regelwerk wacht über die perfekte Berlinerin. Von wegen Toleranz: In Berlin herrscht die Diktatur des Anti-Chics. Alles, was nicht in den derzeit angesagten Berliner Dresscode passt, wird regelrecht verpönt.

Und da dachten wir: Och nö. So sind wir Kölner nicht. In Köln gibt es de facto keine No-Go's. In Köln ist alles erlaubt, und man nimmt jeden so, wie er ist. Ob Polohemd in rosa mit Perlenkette (wobei, das sieht man in der Tat eher selten) oder Blümchenkleid mit Boots, alles geht. Klar, jeder hat seinen persönlichen Style und seine Vorlieben. Und eben genau weil das so ist, wissen wir, dass eben jeder in Sachen Mode anders tickt. Und wir Kölner gestehen jedem seinen ganz persönlichen Look zu. Das einzige Don't in Köln ist, alle modisch über einen Kamm scheren zu wollen. Das macht es sicher schwerer, einen klaren Kölner Style heraus zu arbeiten, aber vielleicht ist der Kölner Style genau das: Von allem etwas.

Ich muss in Köln keine großen Marken und Logos tragen, ich darf aber. Ich muss in Köln nicht aussehen wie aus dem Ei gepellt oder aus der Vogue entsprungen, ich darf aber. Ich muss in Köln kein Hipster sein, ich darf aber. Und genau das ist das Geheimnis vom Kölner Style: Alles kann, nichts muss.

"Mode hat was mit dir zu tun, nicht mit anderen. Mode bedeutet für mich, die Ästhetik der inneren Wahrhaftigkeit zu unterstützen."

Franz Dinda,
Deutscher Schauspieler

„Schön sein, bedeutet nicht, perfekt auszusehen. Es geht darum, die eigene Individualität zu lieben."

Bobbi Brown,
US-Amerikanische
Kosmetik-Unternehmerin

INTER EDGY
THE VIEW GIRL

TERESA DAHL ♡ BLOGGERIN

Teresa ist ein edgy girl, das die Gabe für coole Styles schon in seiner Kindheit entwickelt hat. Sie wollte schon als kleines Mädchen immer selbst bestimmen, was sie anzieht. Schon damals traute sie sich, sich anders zu kleiden als die anderen rosa-hübschen Prinzessinnen-Mädchen um sie herum. Ihre Looks sind anders, ihre Looks sind rockig, nie gefällig. Aber eins haben ihre Looks gemeinsam: Sie sehen immer, nun ja, geil aus. Teresa hat es einfach raus. Sie weiß, wie der Fashion-Hase läuft. Praktisch, dass sie auch beruflich ihre Liebe für Mode ausleben kann, sie ist als Einkäuferin und Brandmanagerin in der Textilbranche tätig. Auf ihrem Blog stellt sie mehrere Male in der Woche ihre Looks vor, auf Instagram fast täglich. Teresa hat zudem die besondere (und vor allem Budget-schonende) Gabe, aus ihrer vorhandenen Garderobe immer wieder neue Looks und Styles zu kreieren.

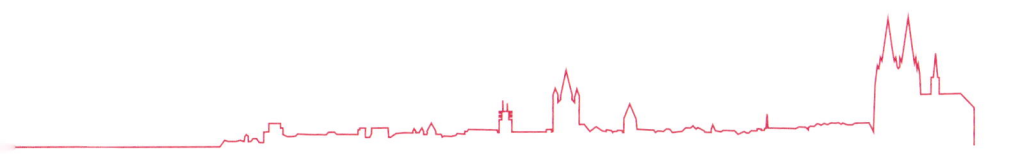

WIE KAMST DU AUF DIE IDEE ÜBER MODE ZU BLOGGEN?

Als Einkäuferin für Textilien beschäftige ich mich beruflich jeden Tag mit Kleidung. Dabei kann man sich nicht immer nach dem eigenen Geschmack richten. Über meinen Blog kann ich alles zeigen, was mir gefällt, mich mit anderen austauschen, über News informieren und den ein oder anderen hoffentlich auch inspirieren.

WO HOLST DU DIR INSPIRATION FÜR DEINEN BLOG?

Hauptsächlich in meinem Kleiderschrank! Meine Garderobe ist wie ein Puzzle, das nie fertig wird. Mit jedem Stück, das neu dazu kommt, ergibt sich ein neues Bild und neue Kombinationsmöglichkeiten. Natürlich lese ich auch andere Mode-blogs, Magazine, und ich liebe es, auf Instagram Profile zu durchstöbern.

> **Meine Garderobe ist wie ein Puzzle, das nie fertig wird.**

BIST DU EIN MODISCHES VORBILD FÜR ANDERE?

Das hoffe ich doch! Mir geht es aber mehr um den Spaß und das Experimentieren mit Mode als darum, perfekte Outfits zu kreieren. In dieser Hinsicht war ich schon immer etwas eigen.

WELCHE ERFOLGS-TIPS HAST DU FÜR LEUTE, DIE AUCH ÜBER MODE BLOGGEN WOLLEN?

Man sollte zumindest eine ungefähre Vorstellung davon haben, wer mit dem Blog angesprochen werden soll, was präsentiert wird und wie viel Zeit für den Blog investiert werden kann. Ein eigener Blog bedeutet viel Arbeit und Pflege, der Aufwand wird oft unterschätzt. Am wichtigsten ist es aber, sich selber treu zu bleiben und authentischen Content zu schaffen.

WIE WÜRDEST DU DEINEN STYLE BESCHREIBEN?

Für mich darf ein Outfit nicht zu „brav" sein. Ich liebe Plisseeröcke und Schluppen-

INTERVIEW **THE EDGY GIRL**

blusen bei anderen, aber zu mir passt es einfach nicht. Ich mag rockige Looks mit Lederjacken und Fetzen-Jeans, Anzüge mit Sneakern und alles mit Leo-Muster. Außerdem geht bei mir so gut wie nichts ohne Ray Ban, Hut und roten Lippenstift.

> ❝ **Bei mir geht so gut wie nichts ohne Ray Ban, Hut und roten Lippenstift.** ❞

WO HOLST DU DIR INSPIRATIONEN FÜR DEINEN STYLE?

Überall! Auf der Straße, beim Shoppen, durch Musik, in Zeitschriften oder im Internet. Wenn man mit offenen Augen durch die Welt geht, muss man nicht lange nach Inspiration suchen.

WO KAUFST DU DEINE KLAMOTTEN? GEHEIMTIPS?

Ich kaufe viel im Internet, da ich selten Zeit zum Shoppen in der Stadt habe. ZARA und ASOS statte ich immer einen Besuch ab und werde meistens fündig. Im Moment bin ich auf der Suche nach einer neuen Handtasche und habe eine Obsession für die Luxus-Second-Hand-Shops www.vestiairecollective.com und www.rebelle.de entwickelt. Wenn ich es schaffe, Samstags in der City zu Shoppen, fängt meine Tour aber immer in der Boutique Belgique an, dort findet man Lieblingsstücke- die nicht jeder hat.

WOHER KOMMT DEINE LIEBE ZUR MODE?

Ich war schon als Kind sehr eigen, was meine Klamotten anging. Ich fand es immer enorm wichtig, wie ich angezogen war, je nach Klamotte fühlte ich mich besser oder schlechter. Kleidung ist etwas sehr persönliches, man kann unheimlich viel durch

> **Kleidung ist etwas sehr persönliches, man kann unheimlich viel durch sie vermitteln, damit spielen oder provozieren.**

sie vermitteln, damit spielen oder provozieren. Der Kreativität sind keine Grenzen gesetzt, das liebe ich!

GIBT ES EINEN SPEZIELLEN KÖLNER STYLE?

Nein, einen Kölner Style gibt es meiner Meinung nach nicht, und das ist auch gut so. Ich finde, die Kölner gehen gut mit dem Thema Mode um, hier ist man nicht verbissen und muss unbedingt dem neuesten Trend hinterher jagen – der Kölner trägt was gefällt.

LEGT MAN IN KÖLN ÜBERHAUPT WERT AUF STYLE UND MODE?

Definitiv JA! Wer sich mal die Schlange angesehen hat, die sich in der Nacht vor einem Sneaker-Release vor „THE GOOD WILL OUT" bildet, der zweifelt nicht mehr daran.

BRAUCHST DU LANGE FÜR DEIN STYLING?

Unter der Woche muss es schnell gehen, dann brauche ich ca. eine Stunde. Meistens überlege ich mir schon abends, was ich am nächsten Tag anziehe. Am Wochenende lasse ich mir viel Zeit und probiere verschiedene Kombinationen, ohne auf die Uhr sehen zu müssen.

www.modejunkies.blogspot.com

Ultimative Style Tipps

DAS KLEINE SCHWARZE

Ja, es schadet nichts, so ein unverwüstliches Teil im Kleiderschrank zu haben. Im Gegenteil, es schadet uns eher, so ein Teil NICHT zu haben. Ein gut geschnittenes, eng anliegendes schwarzes Kleid in Knielänge können wir zu jedem Anlass tragen, wir können es beliebig up- und down-stylen, und wir sind damit nie over- oder underdressed. Strumpfhosen, verschiedene Schuhe, verschiedene Jacken und Blazer, verschiedener Schmuck, all das hilft, dass unser kleines Schwarzes immer wieder wie ein neues Kleid wirkt. Absolutes Must-Have.

SORTIERE KLEIDUNGSSTÜCKE, DIE NICHT MEHR PASSEN, RIGOROS AUS

Ja, Moden kommen immer wieder. Trotzdem ändern sich deine Proportionen, und auch das Empfinden dafür, wie etwas richtig sitzt. Während es in den 90ern nicht eng genug sein konnte, ist heute lässiger Sitz, fast schon Oversize angesagt. Klamotten, die nicht richtig passen, ziehen wir nicht an. Sie nehmen nur Platz im Kleiderschrank weg. Zudem bringen sie uns immer wieder in Versuchung, sie doch anzuziehen, aus schlechtem Gewissen. Aber Klamotten, die nicht passen, sehen halt, nun ja, beschissen aus. Und das wollen wir natürlich nicht. Sind die Stücke gut erhalten, freuen sich Oxfam-Shops und Altkleidersammlungen darüber.

PFLEGE DEINE KLAMOTTEN

Deine Klamotten sind deine Schätze. Und Schätze hüten wir. Also hege und pflege deine Errungenschaften, damit du lange etwas von ihnen hast. Das richtige Waschprogramm, das richtige Waschmittel und die richtige Bügel-Temperatur solltest du deinen Klamotten gönnen. Dann ordentlich aufhängen oder zusammen legen und akkurat im Schrank verstauen. Woll- oder Cashmere-Pullover regelmäßig mit einem Fusselrasierer von unschönen Flusen und Pillings (diese kleinen Woll-Pickel) befreien - das sorgt dafür, dass die Teile wieder wie neu aussehen.

WEG MIT ABGETRAGENEN KLAMOTTEN

Es gibt nur wenige Kleidungsstücke, die abgetragen, also mit einer gewissen Patina, gut oder sogar besser aussehen: Lederjacken, grobe Lederboots, grobe Leder-Taschen, Blue-Jeans, Lederhosen. Alle anderen Klamotten wirken abtragen fast immer schlampig. Ausnahme: Das verwaschene Oversize-T-Shirt von deinem Freund. Pullover, Hemden, Jacken und Mäntel mit dünn gewordenen Ärmeln und Ellenbogen - weg damit! Fusselige und ausgeleierte oder eingegangene Pullover - weg damit! Wäsche, Shirts, Hemden, die mal weiß waren, jetzt aber einen Farbton irgendwo zwischen grau und hornhautumbra haben - weg damit! Strümpfe mit Löchern und Strumpfhosen mit Laufmaschen - weg damit! Schuhe mit abgelaufenen Absätzen oder abgewetzter Spitze - beim Schuster reparieren lassen oder weg damit! Hier heißt es übrigens wirklich: Weg! Also ab in den Müll. Du tust niemandem etwas gutes, auch nicht der Altkleidersammlung.

„Wenn man jung ist, möchte man unbedingt perfekt sein. Später merkt man, dass perfekt gar nicht so interessant ist."
Susan Sarandon, US-Amerikanische Schauspielerin

"Über die Mode von gestern lacht man, aber für die Mode von vorgestern begeistern wir uns, wenn sie die Mode von morgen zu werden verspricht."
Marlene Dietrich, Deutsche Schauspielerin

INTER VIEW
DIE VINTAGE-QUEEN

ANNA BEHRLA ♡ SHOP-BESITZERIN „LIEBLING VINTAGE"

Annas Behrlas „Liebling Vintage" ist so ein außergewöhnlicher Laden, dass in den ersten Wochen nach Eröffnung etliche Leute herein kamen und verwundert fragten, ob das denn ein Karnevalsladen wäre. Ihre Boutique ist aber auch ein besonderes Einkaufserlebnis: Tapete im Stil der 30er Jahre, antike Möbelstücke, leise Musik im Hintergrund, Kaffeeduft in der Luft und bunte Süßigkeiten sorgen für richtige Wohlfühlstimmung.

Annas „Liebling" ist eine Salon-Boutique - man fühlt sich beim Betreten des Ladens augenblicklich in eine andere Zeit versetzt – und das ist natürlich Absicht. Annas „Liebling" und ihr dort zu findendes Angebot sind eine Hommage an die so stilvollen Frauen der 20er bis 60er Jahre. Annas „Liebling" lässt Mädchenherzen definitiv höher schlagen. Annas Auswahl an Kleidungsstücken richtet sich an „richtige Frauen", sie sind weiblich und figurbetont und zelebrieren die Frau als solches regelrecht. Die Schnitte sind elegant, das Material hochwertig, und die Kleider richten sich nach den Kurven der Frauen (und nicht umgekehrt!)

Außer individueller Mode bietet Anna all das an, was wahre Mädchenherzen höher schlagen lässt: Accessoires, Duftkerzen, Schmuck sowie Papeterie.

Anna Behrla (zuerst Schauspielstudium in NY, dann Studium der Geschichte und deutschen Literatur in Berlin) betreibt ihre kleine, feine Boutique im Kölner Belgischen Viertel seit März 2012. Aus ihrer Liebe zur Alltagsgeschichte hat sich eine besondere Neigung zur Modegeschichte entwickelt. Eigentlich sollte es erst „so ein wunderbarer Vintageladen im Stil der 20er-60er Jahre werden, wie es die in London auf der Brick Lane gibt".

Im Laufe der Konzeptentwicklung wurde Anna aber bewusst, dass etwas, das in London gut funktioniert, nicht unbedingt nach Köln passt. „Nur Vintage und Fifties- und Forties-Stil hätte mir dann auch gar nicht gereicht", sagt Anna. Also hat sie noch „so ein bisschen rumgewurschtelt", wie sie es selbst ausdrückt, „ein bisschen Make-up, Accessoires, Retro-Labels, schicke Schuhe und hübsche Kleider mit meinem leicht infantilen Humor gemischt und dabei kam eben Liebling heraus."

Die andere Sache, die Anna ihren Kunden schenken möchte, ist Zeit, denn die Schnitte und Formen von Annas Kleider-Auswahl sind so ungewöhnlich und „abseits der Norm", dass man alles ganz in Ruhe erst mal anprobieren muss, um heraus zu finden, was einem steht. „Wir schwatzen nichts auf und es ist auch ok - sogar gewünscht - noch mal wieder heim zu gehen und nachzudenken.", erklärt Anna ihr Konzept.

INTERVIEW **DIE VINTAGE-QUEEN**

> 66 Etwas, das in London funktioniert, passt nicht unbedingt auch nach Köln. 99

IST ES SCHWER, EINEN LADEN AUFZUMACHEN UND AUFZUZIEHEN?

Aufmachen ist leicht. Am Laufen halten ist die größere Herausforderung, vor allem wenn man sich in irgendeiner Form vom Rest abhebt. Und, ganz ehrlich: Man braucht genügend Kapital und sehr viel Ausdauer.

WORAN ORIENTIERST DU DICH MIT DEINEM ANGEBOT?

Ich orientiere mich nicht an Trends, sondern lasse mich von Strömungen inspirieren - wenn man das so sagen kann. Auf Reisen oder durch Filme oder Bücher oder Serien kommen mir oft Ideen für Themen, die ich gerne im Laden hätte. Teil unseres Konzepts ist aber auch, dass unser Sortiment relativ unabhängig von Modeerscheinungen ist.

WER SIND DEINE KUNDINNEN?

Meine Kundinnen sind toll. Fast alle sind Self-Made-Women, die mit beiden Beinen ganz fest im Leben stehen. Das sind Juristinnen, Ärztinnen, Fernsehmenschen, Musikerinnen, Modeleute aber auch schrägere Vögel, zum Beispiel eine Domina. Und eine ganz besonders nette Dame hat ein Autohaus in Bonn. Ein wirklich faszinierender Mix!

NACH WAS SUCHEN DEINE KUNDEN BESONDERS?

Meine Ladies liiiieben den Fifties-Look von Lena Hoschek und Mädchentraum, aber auch die tollen Boho Kleider von Mes Demoiselles. Das ist alles sehr feminin und verzeiht auch mal ein Kilo zu viel. Ausserdem mögen sie Sachen wo Essen oder doofe kleine Tiere drauf sind.

WAS IST DEIN PERSÖNLICHER STYLE?

Der wechselt je nach Laune! Gerne sehr feminin und „retro", mit Petticoat, Eyeliner und roten Lippen, aber auch genau so gerne Boots, Flatterkleid und Riesenstrickja-

> **In den ersten Wochen nach Eröffnung kamen sehr viele Leute bei uns rein und haben gefragt, ob wir ein Karnevalsladen wären.**

cke. Momentan ertappe ich mich aber häufig in der Mama-Uniform: Parka, Jeans, Turnschuhe - Hauptsache ich kann darin laufen und es darf in die Waschmaschine.

INTERVIEW **DIE VINTAGE-QUEEN**

WAS SIND FÜR DICH MODISCHE NOGO'S? FASHION-FAUXPAS?

Puh, da kann man jetzt den Unterschied machen zwischen „Ist objektiv nicht gut angezogen" und meinem persönlichen Geschmack - und nur in manchen Punkten überschneidet sich das. Ich persönlich kann Strass à la Ed Hardy nicht leiden, Strumpfhosen in offenen Schuhen, weiße und helle Schuhe (außer Sneakers) und generell alles, was fürchterlich in Mode ist. Wenn ein Trend bei bestimmten D-Prominenten angekommen ist, ist das meistens ein guter Indikator, dass man besser die Finger davon lassen sollte.

WIE VIEL ZEIT VERBRINGST DU MIT DEINEM STYLING?

Wenn ich arbeiten gehe, recht viel. Ich muss ja schließlich die Sachen, die ich verkaufe, gut präsentieren. Dazu kommt, dass Vintage-Styling generell sehr viel Zeit kostet, die Haare dreht man am besten am Abend vorher auf! Deshalb mache ich das auch nicht konsequent.

> **66 Wenn ein Trend bei bestimmten D-Prominenten angekommen ist, ist das meistens ein guter Indikator, dass man besser die Finger davon lassen sollte. 99**

BRAUCHST DU LANGE, UM DAS PERFEKTE OUTFIT ZU FINDEN?

Das kommt sehr darauf an, wie viel Schokolade ich in den Tagen davor gegessen habe!

WIE WIRD SICH DIE MODE DEINER MEINUNG NACH IN ZUKUNFT ENTWICKELN?

Ich hoffe, ein wenig weg vom latent schmuddeligen Berlin-/Möchtegern-NY/Bloggerstyle und hin zu den chicen Parisiennes, die nicht so schrecklich laut ange-

> **66 Meine Kundinnen sind toll. Fast alle sind Self-Made-Women, die mit beiden Beinen ganz fest im Leben stehen. 99**

zogen sind, aber auch keine Angst vor einem fiercen Pump oder einem Bleistiftrock haben.

WER SIND DEINE FASHION-VORBILDER?

Vorbilder kann man das jetzt nicht nennen, aber viel Inspiration bekomme ich tatsächlich von Seriencharakteren: Emma bei Glee zum Beispiel, oder Chuck in Pushing Daisies, Mindy in The Mindy Projekt, Jess in New Girl und die Hexe in American Horror Story Coven, die gerne Stevie Nicks wäre!

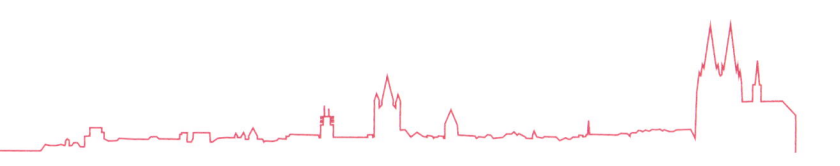

GIBT ES EINEN "KÖLNER STYLE"?

Die Frage finde ich ganz schwer. Ich glaube, viele mögen es simpel und praktisch, aber es kommt echt drauf an, wo man hingeht. Die Kölnerin auf der Mittelstrasse ist ja eine andere als die in Ehrenfeld.

WAS UNTERSCHEIDET DENN KÖLNER STYLE VON BERLINER STYLE, HAMBURGER STYLE, MÜNCHNER STYLE?

Ich würde behaupten: dem Kölner ist sein Aussehen eine Runde egaler und vielleicht nicht ganz so viel Geld wert. Das heißt, nicht so betont cool und schein-individuell wie Berlin, nicht so teuer und markenlastig wie München und von Hamburg hab ich leider keine Ahnung.

Ulkigerweise verkaufen sich bei uns auch andere Größen: Die Kölnerinnen haben mehr Kurven als die Münchnerinnen oder Düsseldorferinnen. Das habe ich mit ein paar Bekannten, die dort Geschäfte haben, festgestellt.

LEGT MAN DENN IN KÖLN ÜBERHAUPT WERT AUF STYLE UND MODE?

Das schon. Aber wir sind halt eigen. Außerdem besteht immer die Gefahr, das Outfit könnte für ein Karnevalskostüm gehalten werden, wenn es zu schräg ist.

IST KÖLN AN SICH EINE MODISCHE STADT?

Wenn Charakter modisch ist, auf jeden Fall. Ich finde, wir sind so ein bisschen wie die merkwürdige kleine Schwester im Film. Die finde ich aber meist spannender als die sexy Hauptfigur. Das modische und kreative Potenzial hat Köln aber auf jeden Fall.

www.lieblingvintage.com

PST! LENAS GEHEIM TIPPS!

KÖLNER LUXUS **SECOND HAND SHOPS**

Wer auf der Suche nach Vintage Schätzen von bekannten Designern ist, der sollte sich in die Kölner Benesisstrasse begeben. Hier gibt´s gleich zwei tolle Luxus Second Hand Läden, Da Capo und Schnieders . Neben top gepflegten Taschen und Schuhen von Chanel , Hermés und Co., gibt es auch viele schöne Kleinigkeiten von Broschen bis Handschuhen – Das schöne an Vintage Taschen und Accessoires ist, dass sie nicht aus der Mode gehen, es sind meistens Klassiker, die in der Form nicht mehr hergestellt werden. Daher sind sie im guten Zustand wertstabil und oft sogar teurer als neue Modelle.

DA CAPO / BENESISSTR.22 50672 KÖLN

Da Capo ist ein echter „Hermés Heaven" – es gibt immer wieder tolle und gut erhaltene Birkin und Kelly Bags – und das ohne Warteliste! Natürlich findet man auch alle anderen Big Player - sowie jede Menge schöne Accessoires. Mein Highlight war dieses Jahr ein schwarzer Hermés-Gürtel „Collier de Chien" für einen Schnäppchenpreis!

SCHNIEDERS 2ND HAND / BENESISSTR. 54 50672 KÖLN

Schnieders exclusiv-second hand befindet sich mitten im Zentrum zwischen Mittel- und Ehrenstraße. Hier gibt´s eine große Auswahl an „It-Bags" und Accessoires. Außerdem Kleidung von Alaia, Chanel, Burberry, Jil Sander, Missoni, Louis Vuitton, Prada etc. Ich habe mir dort vor einigen Jahren meine allererste Chanel Tasche gekauft und sie ist nach wie vor mein Lieblingsstück in der Sammlung.

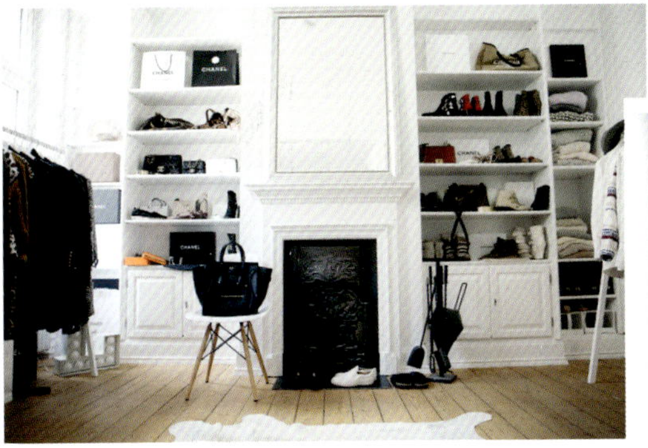

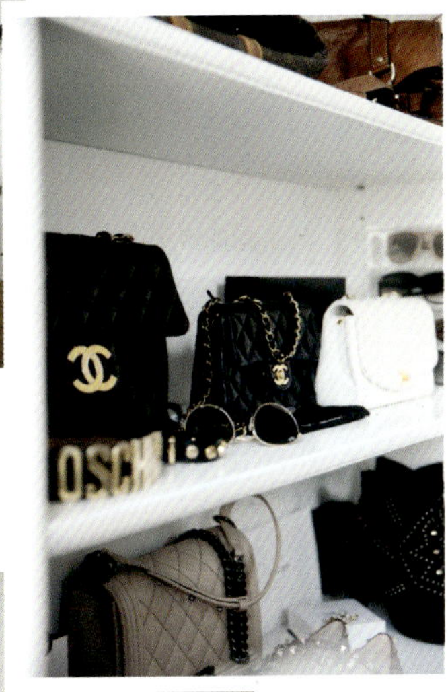

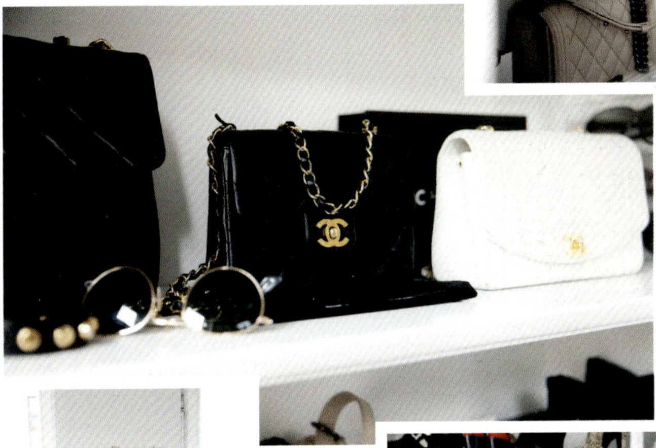

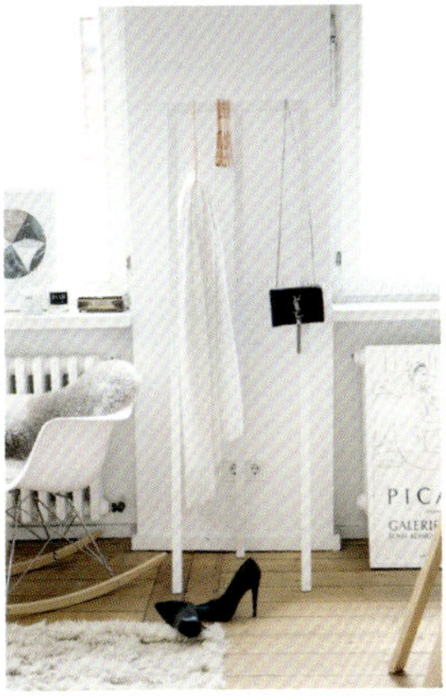

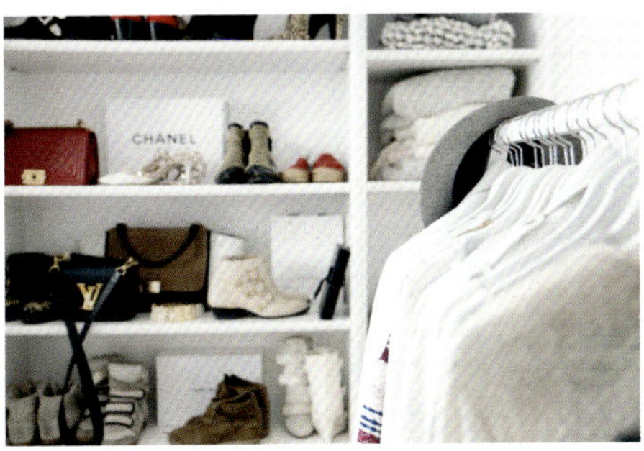
CHANEL

INTER VIEW
DIE SCHÖNE

FARINA OPOKU ♡ BLOGGERIN ♡ TEAM MEMBER BOUTIQUE BELGIQUE

Farina ist so schön, man kann sich an ihr gar nicht satt sehen. Und das Tolle: Sie genießt das Leben, hat Kurven, und steht dazu. Die Fotos ihrer stylishen Outfits beweisen, dass man kein detoxter Hungerhaken sein muss, um eine erfolgreiche Fashion-Bloggerin zu sein. Farina studiert Unternehmenskommunikation und Journalismus an einer privaten Kölner Hochschule. Neben ihrem Studium arbeitet sie in den Kölner Stores "Boutique Belgique" und "Super Store" und präsentiert die neuesten Teile auf ihrem Instagram Account.

> "Always remember: its better to arrive late than to arrive ugly!"

WIE KAMST DU ZUM BLOGGEN?

Ich habe einen recht erfolgreichen Account bei Instagram - und dort wurde ich immer wieder gefragt, ob ich nicht auch einen eigenen Blog habe. Dann habe ich mich entschieden, auch mit dem Bloggen zu starten. Mehrmals wöchentlich blogge ich nun über Mode und Make-Up. Ich poste Texte, Bilder und auch Video-Tutorials. Eigentlich habe ich diese ganze „Outfit-Post-Tutorial-Video-Sache" ja immer ein wenig belächelt. Im Verlauf meines Studiums habe ich aber schnell gemerkt, wie viel Spaß die ganze Sache machen kann.

ANDERS ALS ANDERE FASHION-BLOGGERINNEN BIST DU EINE "NORMALE FRAU", TRÄGST NICHT SIZE ZERO, UND VERMITTELST DEN SPASS AM EIGENEN KÖRPER AUCH WUNDERBAR. WAR DAS EINE BEWUSSTE ENTSCHEIDUNG VON DIR?

Das ist der Punkt, in dem mein Blog und ich uns wahrscheinlich am meisten von den anderen Web-Beauties unterscheiden: Für mich spielen eine super gesunde Ernährung, ein tägliches Workout, Detox und Co. eben keine Rolle. Ich genieße das Leben und esse, worauf ich Lust habe. Den einzigen Sport, den ich betreibe, ist mein täglicher Gang in den 6. Stock ohne Aufzug. Und das reicht dann schon voll und ganz. Trotzdem respektiere ich jede andere Lebensweise, nur mit dem ganzen Magerwahn kann ich einfach nichts anfangen. Mädels, ihr seid toll, so wie ihr seid!

> **Den einzigen Sport, den ich betreibe, ist mein täglicher Gang in den 6. Stock ohne Aufzug.**

DU BIST IMMER TOP GESTYLT - WAS IST DEIN STYLE-GEHEIMNIS?

Ganz einfach: Nicht nachahmen, sondern sich selbst treu sein. Natürlich kann man sich Inspirationen holen, ich

INTERVIEW **DIE SCHÖNE**

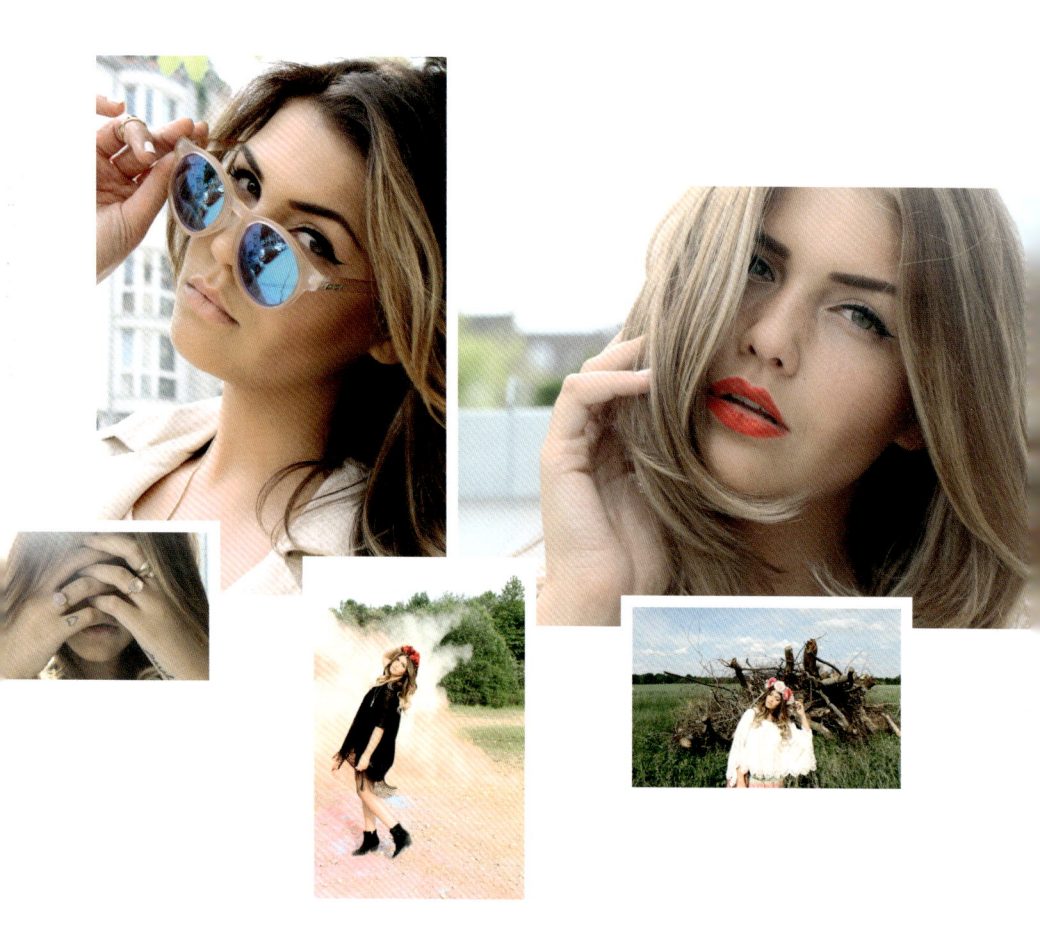

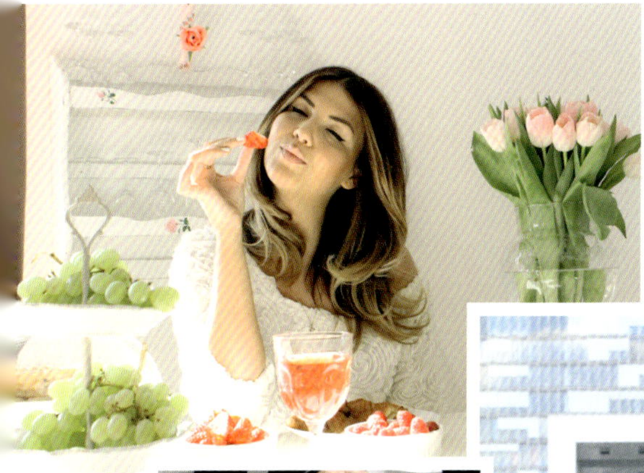

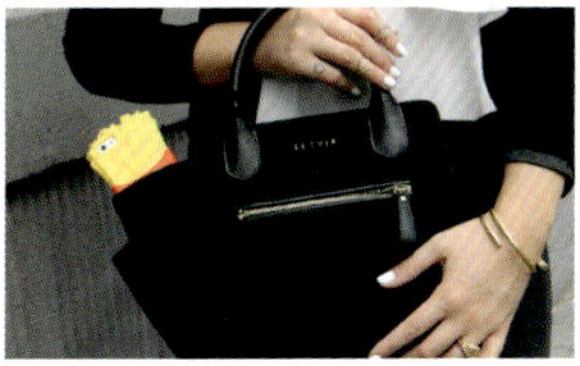

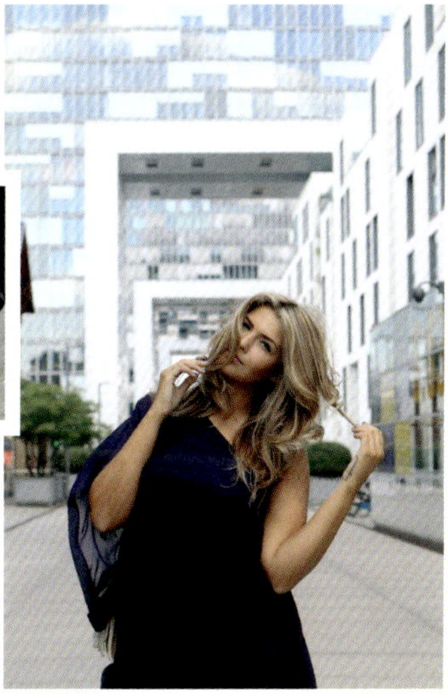

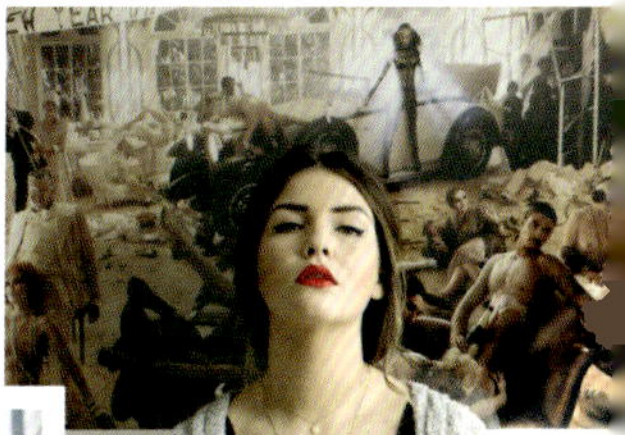

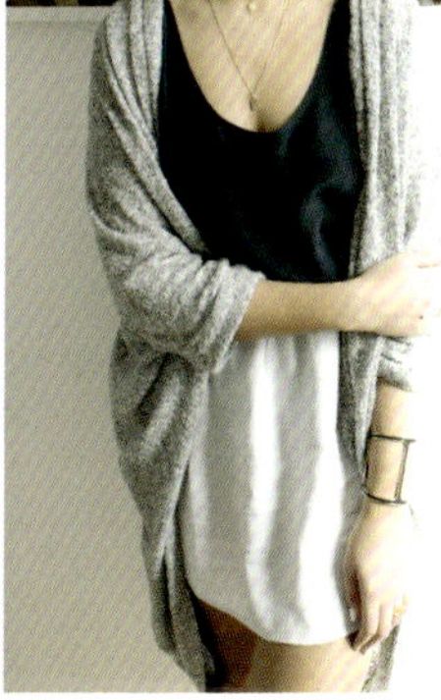

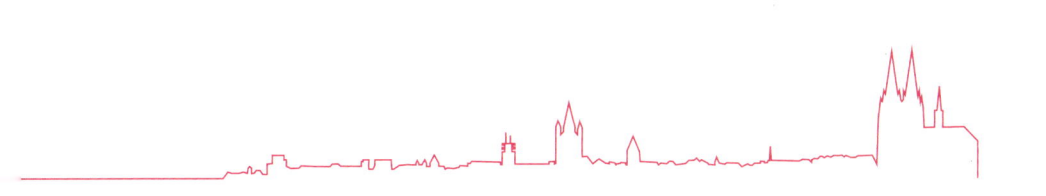

INTERVIEW **DIE SCHÖNE**

lasse mich z.B. immer gerne von den Blogs und Instagrams von den "Großen" wie Chiara Ferragni, Sincerley Jules oder Peace Love Shea inspirieren. Aber dann sollte man schauen, was wirklich zu einem passt - und nicht jedem Trend blind folgen. Und natürlich kommt es immer auf die Kombination an: Kombiniere Basic mit Besonderem. Teuer mit günstig - das sieht immer toll aus.

GIBT ES FÜR DICH FASHION-NO-GO´S?

Nein. Erlaubt ist, was gefällt. In der Mode gibt es für mich keine No-Go's. Und das ist das Tolle an Mode.

INVESTIERST DU VIEL ZEIT, DAMIT DU IMMER TOP AUSSIEHST?

Oh ja. Das muss ich zugeben. Fast zwei Stunden täglich! Es gibt Tage, da ziehe ich mich wirklich oft um. Ich sehe vor meinem geistigen Auge immer Outfits - und die versuche ich dann so umzusetzen, bis meine Vorstellung mit dem, was ich im Spiegel sehe, übereinstimmt.

WOHER KOMMT DEIN TREND-GESPÜR?

Seitdem ich 18 bin, arbeite ich im Einzelhandel. Meine Mutter war früher Model und war schon immer super stylish. Und so habe ich früh angefangen, ihre Klamotten zu tragen und ‚verkleiden' gespielt.

WIE WIRD SICH DIE MODE DER ZUKUNFT ENTWICKELN?

Ich glaube ja, es wird immer verrückter. Es wird keine Grenzen mehr geben. Alles ist erlaubt, und die worst dressed Artikel sterben aus.

WIE WÜRDEST DU DEN KÖLNER STYLE BESCHREIBEN?

Der Kölner Stil ist eine Mischung aus Berliner Hipster, also alternativ chic, und zurückhaltender Klasse. Köln ist dabei nicht so ausgeflippt wie Berlin, aber auch nicht so spießig wie München - eben der perfekte Mix! Dennoch finde ich, dass sich die meisten Kölner in Sachen Mode noch nicht so richtig trauen. Ich wünschte, die Kölner würden mutiger sein. Vor allem das belgische Viertel hat viel zu bieten.

WER SIND DEINE FASHION IKONEN?

Lena Terlutter und Negin Mirsalehi.

www.novalanalove.com

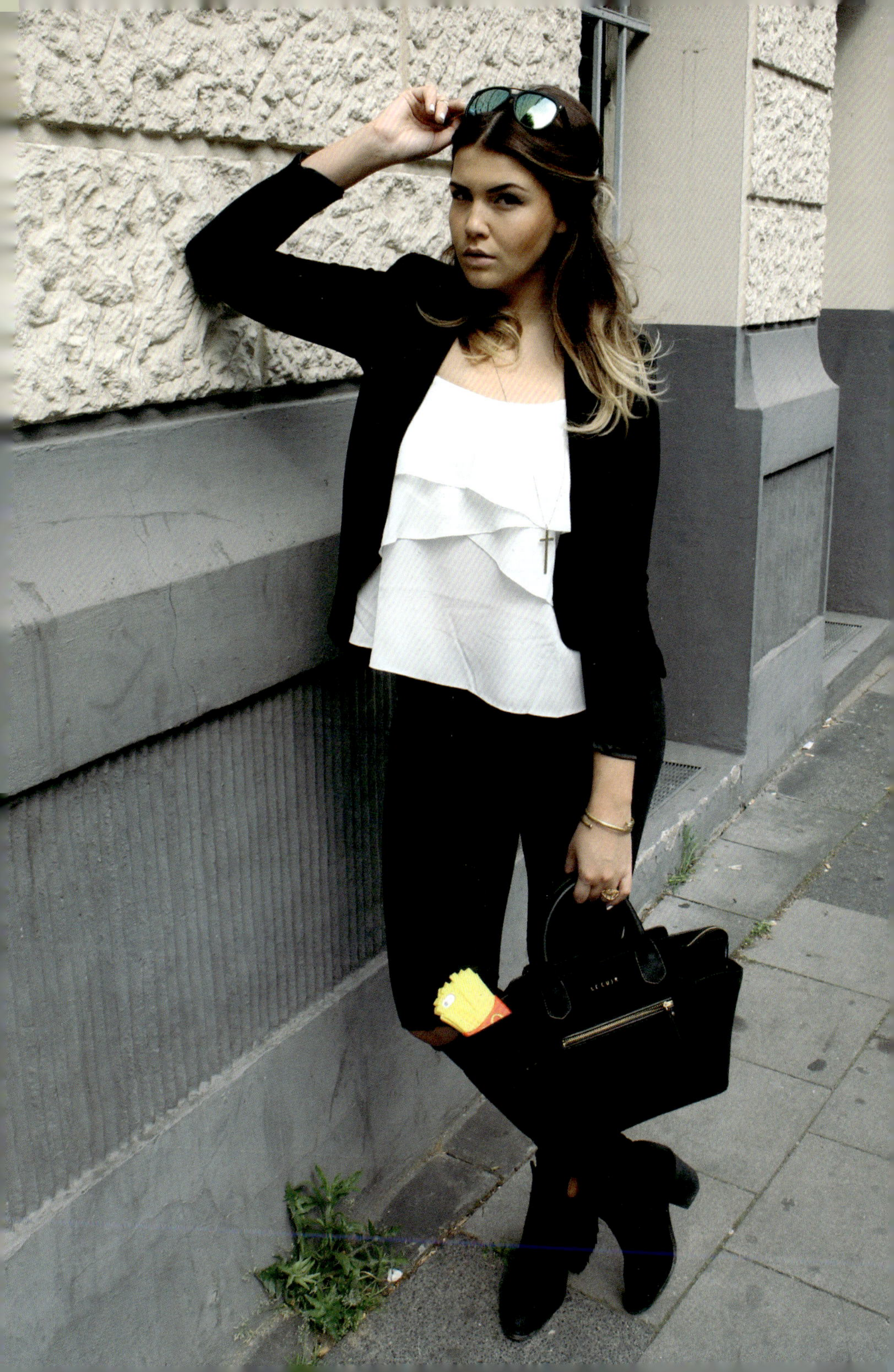

STYLE ULTIMATIVE TIPPS

MIT SCHWARZ LIEGE ICH DOCH IMMER RICHTIG, ODER?

Ja, mit Schwarz kann man nicht viel machen, in der Tat. Aber ist halt auch auf Dauer langweilig. Und nicht immer passt Schwarz zu allem. Der „All Black"-Look sollte eine Besonderheit sein, sonst wirkt man immer gleich angezogen. Außerdem ist es besonders dankbar, ein Highlight zu tragen, wenn man ganz in schwarz gekleidet ist, zB. Leo-Heels oder rote Nägel und Lippen.

WIE BEHALTE ICH DEN ÜBERBLICK IM KLEIDERSCHRANK?

Nun, jeder hat natürlich seine ganz eigene Ordnung im Kleiderschrank. Aber ein bißchen Strategie und regelmäßige Inspektion helfen dabei, den Überblick nicht zu verlieren. Denn wie oft vergessen wir, dass wir bestimmte Teile haben, die wir toll mit neuen Errungenschaften hätten kombinieren können? Zwei schöne

Nebeneffekte von einem aufgeräumten Kleiderschrank: Deine guten Stücke sind knitterfrei aufbewahrt, und es sieht auch viel schöner aus. Und das Auge kleidet sich ja schließlich mit. Wer einen gut sortierten Kleiderschrank hat, hat eine bessere Übersicht und findet schneller neue Kombinationen.

„Der Pullover einer Frau sitzt richtig, wenn die Männer nicht mehr atmen können."

Zsa Zsa Gabor,
US-Amerikanisch-Ungarische Schauspielerin

Mit ein paar einfachen Regeln kann man auch im noch so kleinen Kleiderschrank für Ordnung sorgen. Du kannst deine Klamotten nach Saison und Gruppen sortieren. Es lohnt sich zum Beispiel immer, Sommer- und Winterklamotten auszutauschen. Wer braucht im Sommer schon den dicken Wollpullover, die Schneeboots, die Lederhosen und den warmen Mantel? Also diese Teile reinigen und dann an einem anderen, sauberen Ort aufbewahren. Was auch immer sehr schön aussieht, Lieblingsteile auf einen Bügel hängen und offen von außen an den Schrank hängen. Das sorgt für Boutique-Style.

WIE KANN ICH BESTEHENDE LOOKS AUFWERTEN UND MICH VON ANDEREN ABHEBEN?

Heute kopiert jeder jeden, an jeder Ecke sind die gleichen Teile zu haben. Das ist nicht schlimm, denn mit einigen Details kannst du jeden Einheits-Look zu deinem Special-Look machen.

MÜTZEN UND HÜTE:

Egal, welcher Trend gerade wieder dominiert, ein Hut , vor allem der klassische „Fedora" muss in jeden Kleiderschrank. Ich habe eine riesige Hut-Sammlung, denn jedes Outfit, ist es auch noch so Basic, bekommt ein modisches Finish mit einem coolen Hut. Wichtig hierbei: Die richtige Form und Größe für Deinen Kopf. Schön sind auch Beanies im Winter aus grobem oder feinem Strick, farblich passend zum Schal oder zur Handtasche sind sie ein Highlight.

EIN OVERSIZE TUCH:

Wir Frauen haben natürlich einen unendlichen Vorrat an Tüchern. Und das ist auch gut so. Denn damit können wir jedes Outfit zu unserem Outfit machen. Toll sehen extra große „oversize" Tücher aus, auch einfach offen getragen wie ein Cape, das wirkt lässig und unangestrengt.

> "Fashion ist das Gegenmittel zur Realität."
>
> Viktor & Rolf, Niederländische Designer

AUSGEFALLENE SCHUHE:

High-Heels, mit Nieten verzierte Sandaletten, Gladiatoren-Heels - mit diesen Tretern wird jedes Outfit zum Hingucker. Wenn man die Schuhe zum Highlight des Outfits macht, sollte der Rest schlicht gehalten sein, sonst sieht es gewollt, overdressed und angestrengt aus.

GROSSER SCHMUCK:

Auffälliger Schmuck, ob eine Statement Kette, viele gemischte Armbänder, ein großer Ring oder viele kleine zaubern immer einen individuellen Look und verändern jedes Outfit.

MIX IT, BABY!

Trage niemals den Komplett-Look. Stil ist, Designer-Stücke mit eher kommerziellen Teilen von der Stange und Vintage-Schätzen geschickt kombinieren zu können.

DIE PERFEKTE JEANS

Wir alle brauchen eine. Mindestens. Mit Jeans sind wir fast immer auf der sicheren Seite. Jeans kann alles, cool und lässig, elegant und sexy. Jeans gibt es in allen erdenklichen Farben und Schnitten - und damit ist klar, dass es für jede Frau eine perfekte Jeans gibt. Nur, die Krux ist, wir müssen sie wirklich suchen. Mit der Jeans ist es wie mit Männern: Wir müssen lange suchen, um die (bzw. den) Richtige(n) zu finden. Aber die Suche lohnt sich! Denn die falsche Jeans kann dich dick machen, die richtige Jeans kann aber lange Beine und Knack-Po zaubern, egal welcher Figurtyp du bist. Leider gibt es hier keinen Geheimtip, denn jede Jeans sitzt bei jedem anders. Das heißt: Probieren geht über Studieren. Wenn du die für dich perfekte Jeans anhast, wirst du es merken. Und dann schlage zu. Sobald Zweifel da sind, Finger weg. Je weiter oben und je weiter auseinander die Taschen auf dem Hintern appliziert sind, desto breiter und flacher wirkt meist der Po. Ob Slim, Skinny, Bootcut, Tappered oder Boyfriend, ob denimblue, rot, grau oder weiß - Jeans machen dich immer schöner. Denn keine andere

Hose macht so lange Beine. Am meisten hast du von deiner Jeans, wenn du in klassische Varianten investierst, so ist die Jeans am flexibelsten zu stylen. Das Basis Jeans Investment ist: Dunkelblau, Schwarz, Weiss . Danach können die Fashion-Denims on Top dazu kommen: Destroyed Denim, Aufwendige Finishes, Patches, Farbvarianten innerhalb der Waschung – Denim ist immer top!

LEDER = MUST HAVE !

Trotz des „Must Have" Titels, gilt hier: Sparsam einsetzen. Eine Lederhose kombiniert mit weichem Jersey-Shirt oder einer Seiden-Bluse sieht classy aus. Ein Blümchenkleid mit derben Lederstiefeln ist cool. Eine Lederjacke zu Jeans oder gar zum Abendkleid passt auch immer gut. Was eher nicht so top ist: Komplettlooks in Leder oder zwei Lederarten kombinieren. Ich habe Lederjacken in schwarz, navy, weiß und rot – und ich liebe sie alle. Sie geben jedem Look ein eigenes Finish, sind immer im Trend und passen zu jeder Gelegenheit.

SEI DEINE EIGENE MODE-REDAKTEURIN

Manchmal sehen wir vor lauter Wald die Bäume nicht - so viele Klamotten im Schrank, und dennoch haben wir immer das Gefühl, dass wir so gar nichts zum Anziehen haben. Deshalb probiere doch einfach mal alle möglichen Looks aus und teste, welche Kombinationen du mit deinem vorhandenen Kleider-Fundus kreieren kannst! Du wirst sicher staunen, welche verschiedenen Looks du mit Blazer, Rock, Kleid, Hemd, Schuhen und Accessoires zaubern kannst! Traue dich dabei ruhig, unterschiedliche Styles, Farben und Formen zu mischen. Und die Looks, die dir besonders gut gefallen, fotografierst du natürlich. So kannst du immer wieder auf diese Fotos und Outfits zurück greifen, wenn du mal wieder nichts zum Anziehen hast. Und: Das Ausprobieren macht wahnsinnig viel Spaß! Nicht umsonst gibt es in jedem "Mädchenfilm" die berühmte Szene vor dem Kleiderschrank oder in der Umkleide-Kabine, wo hunderte Outfits in Rekordtempo zu lustiger Musik präsentiert werden.

"Wenn man in 20 Minuten nicht fertig ist mit dem Anziehen, hat man ein Problem."

Donna Karan,
US-Amerikanische Designerin

LENAS
FASHION
BUSINESS INSIGHTS

Die Boutique Belgique ist DER Anlaufpunkt für Kölner Fashionistas, doch nicht nur die Kölnerinnen stürmen den beliebten Store regelmäßig, nein, auch überregional ist der Laden mit den drei unverkennbar pink-orange leuchtenden Herzen bekannt und beliebt. BB hat sogar Fans aus ganz Europa, die sich über die Facebook-Fanpage auf dem Laufenden halten und dann schon mal gern Bestellungen an in Köln lebende Familie und Freunde abgeben, um sich unbedingte Must-Haves sichern zu lassen.

Hinter der Boutique Belgique steckt Fashion-Profi Lena Terlutter. Zusammen mit ihrem Mann Leonard Dobroshi ist sie maßgeblich daran beteiligt, dass sich das Belgische Viertel seit einigen Jahren immer mehr zu einem Fashion-Szene-Viertel entwickelt. Denn nicht nur die Boutique Belgique ist ein „Baby" von Lena und ihrem Mann, sondern die beiden betreiben außerdem drei weitere Stores in unmittelbarer Laufnähe – den Super Store, den Salon Sahnestück und BB Loves.

Lena ist nicht nur vierfache Ladenbesitzerin, sondern sie lebt und zelebriert Mode. 70.000 Instagram-Follower aus aller Welt (Stand Oktober 2014) verfolgen begeistert die fast täglichen Postings ihrer Looks, Outfits und Interior-Inspirationen. Und weiblicher Neid hin oder her, man kann nur anerkennend durch die Zähne pfeifen, wenn man in Lenas Fotos schwelgt: Lenas Welt ist real gewordene Fashion-Lifestyle-Hochglanz-Fantasie.

Ich (Henriette) habe mich daher schon immer gefragt, woher a) Lenas unfassbare Stilsicherheit kommt und b) wie das eigentlich so funktioniert, mit dem Mode-Geschäft – und habe Lena zum Fashion-Insider-Gespräch gebeten.

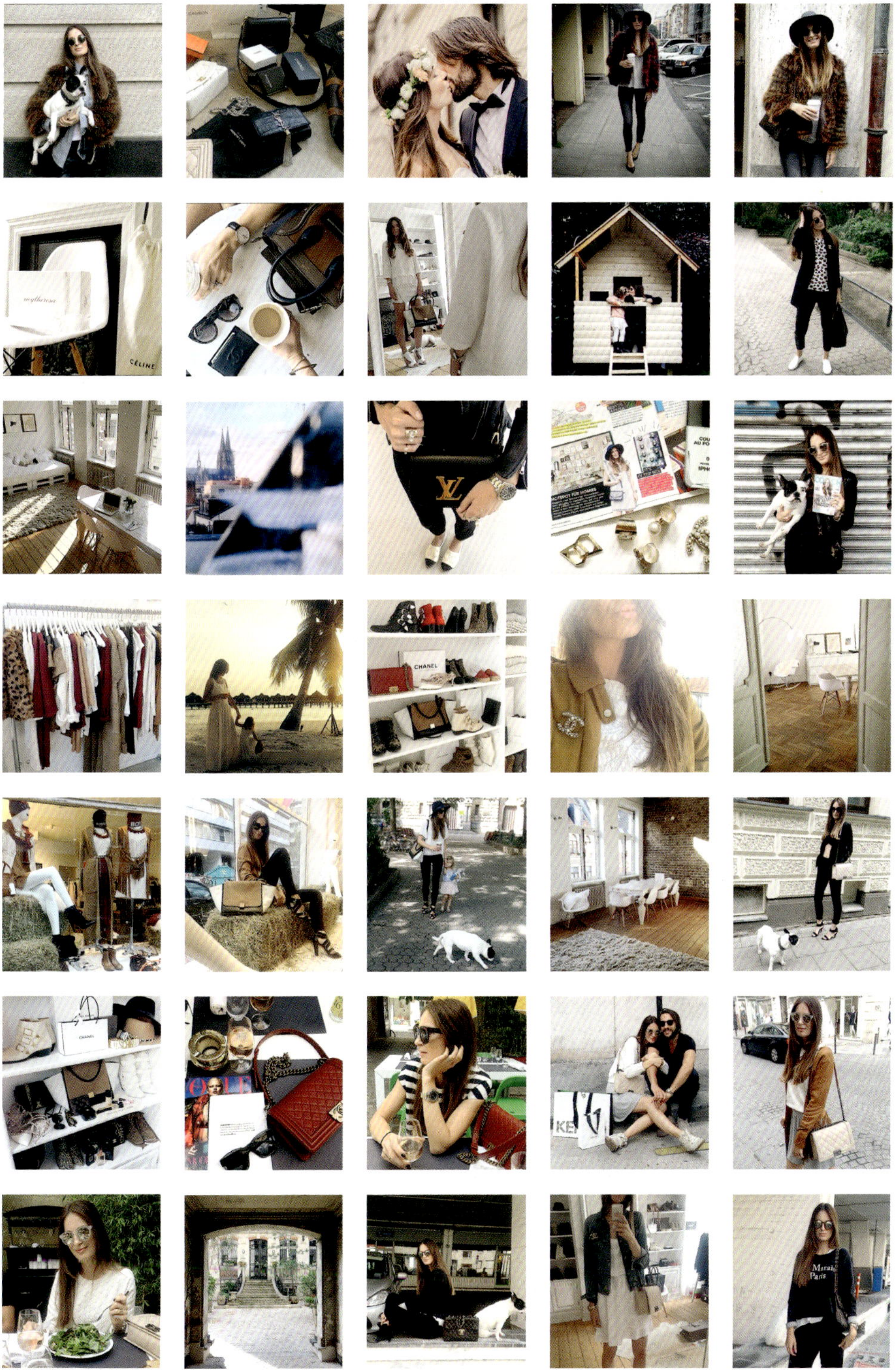

CÉLINE
CHANEL
CHANEL

„**Stil** hat für mich nichts mit **Mode** zu tun. **Stil –** das bedeutet den **Mut** zum eigenen **Charakter** zu haben und sich zur eigenen **Persönlichkeit** zu bekennen. Bei der Mode geht es hingegen einfach darum, **zeitgemäße Dinge** zu entwerfen, zu tragen und zu **konsumieren.**"

Tom Ford, US-Amerikanischer Designer

LENAS STYLE

LENA, DU SIEHST IMMER AUS WIE AUS DER AKTUELLEN VOGUE ODER INSTYLE ENTSPRUNGEN. WIE MACHST DU DAS NUR? PLANST DU DEINE LOOKS AKRIBISCH ODER KOMMT DAS AUS DEM BAUCH HERAUS?

Es steckt wirklich kein Plan dahinter, meine Looks entstehen morgens in meinem Ankleidezimmer. Auch wenn mir das keiner glaubt, habe selbst ich manchmal das Gefühl, nichts zum Anziehen zu haben. Dann stehe ich vorm Schrank und finde nix. Da sind wir Frauen einfach alle gleich! Man kann keinen coolen Style erzwingen, man strahlt es aus, auch mit ganz simplen Looks. Ich bekomme die meisten Komplimente, wenn ich super casual angezogen bin, verrückt, oder?

> **Mode war schon immer meine Passion – seit ich denken kann!**

WAR DAS MIT DER MODE UND DEM STYLE SCHON IMMER DEINS? AUCH ALS KIND SCHON?

Ja, total. Meine Eltern sind fast wahnsinnig geworden mit mir, da ich immer schon ganz genau wusste, was ich anziehen will. Mein Vater ist jeden Samstag mit mir in die Stadt auf die Ehrenstraße gegangen (das war zu meiner Jugend noch richtig hip und individuell), ich habe ihn zu Tode genervt mit meinen Shopping-Wünschen. Heute lachen wir darüber und stellen fest: Es hat sich gelohnt! Auch die Schule habe ich nur als Bühne für meine Outfit-Show genutzt, das war wie bei „Clueless". Es war schon immer meine Passion, seit ich denken kann.

WER ODER WAS INSPIRIERT DICH? HAST DU FASHION-VORBILDER?

Am meisten inspirieren mich Reisen, besonders die in Fashion-Metropolen wie natürlich Paris. Der unaufgeregte Chic der Pariserinnen, die Kunst, aus wenig viel zu machen, ist eigentlich die größte Inspiration für mich. Es sind viele Impulse, die man wie unsichtbare Schwingungen empfängt, wenn sich ein neuer Trend anbahnt.

GIBT ES EIGENTLICH IRGENDWAS, IN DEM DU NICHT GUT AUSSIEHST?

(lacht) Ja klar, komm mal abends bei mir vorbei, wenn ich in meinen " Zuhause-Gemütlichkeits-Klamotten" rumlatsche! Ich liebe es, sobald ich zuhause bin, was Bequemes zu tragen, Haare hoch, dicke Socken, Jogginghose. Der Einzige, der dann noch findet, dass ich gut aussehe, ist mein Ehemann – Gott sei Dank!

WAS SIND DEINE PERSÖNLICHEN MODE-TIPS? WIE SIEHT MAN IMMER TOP AUS?

Stilsicherheit bekommt man vor allem, wenn man mit sich zufrieden ist, auf sich achtet und seine Vorteile betont. Man sollte sich nicht verkleiden, nur um „trendy" auszusehen, oder einem Ideal entsprechen müssen. Ich finde Frauen sexy, die Persönlichkeit haben und das in ihrem Look zeigen. Was wirklich an jedem super aussieht, ist eine schmale Jeans, ein weißes Shirt, ein dunkelblauer Blazer, Flats und rote Lippen – das ist zeitlos und classy.

> **Die Schule habe ich nur als Bühne für meine Outfit-Show genutzt, das war wie bei „Clueless".**

GEHST DU IMMER MIT DEM TREND? ODER HAST DU AUCH ZEITLOSE LOOKS?

Nein, ich bin zwar sehr empfänglich und liebe es, Trends zu erkennen und diese umzusetzen, aber mein Kleiderschrank enthält viel mehr zeitlose Teile als Trend-Artikel. Ich mag es nicht plakativ, man kann auch in dezenten Nuancen sein Trendgespür zeigen – das hat viel mehr Klasse.

LENAS FASHION BUSINESS INSIGHTS

VIER EIGENE LÄDEN SIND MITTLERWEILE DEINE BILANZ ALS GESCHÄFTSFRAU – AUF WAS DÜRFEN WIR UNS DENN IN ZUKUNFT FREUEN? MITTLERWEILE KÖNNTE MAN JA SEINEN ALLERWERTESTEN VERWETTEN, DASS ES NICHT NUR BEI VIER LÄDEN BLEIBT, ODER?

Da könntest du Recht haben (grinst). Es wird noch nichts verraten, aber es gibt viele Pläne. Ich bin immer voller neuer Ideen und offen für Alles. Ich muss mir ja nichts be-

> **66 Alles, was ich mache, ist pure Leidenschaft. 99**

weisen. Alles, was ich mache und noch machen werde, ist reine Leidenschaft. Noch vor einem Jahr habe ich ja auch nicht gewusst, dass wir zwei ein Buch schreiben - und siehe da – nun ist dieses tolle, spannende Projekt realisiert worden!

DU BIST IM WAHRSTEN SINNE DES WORTES DAS AUSHÄNGESCHILD FÜR ALLE DEINE LÄDEN. DIE KUNDEN LIEBEN DEINE STYLES UND LOOKS, DU BIST SOZUSAGEN DEIN EIGENER PERFEKTER WERBETRÄGER. WÜRDE ES AUCH FUNKTIONIEREN, WENN DU DICH HIER MEHR ZURÜCKZIEHEN WÜRDEST?

Mittlerweile ist Boutique Belgique nicht nur ein Geschäft, sondern eine bekannte Marke geworden. Das ist wie mit Kindern, man muss sie so lange an die Hand nehmen, bis sie selber laufen können. Durch den sehr hohen Bekanntheitsgrad meiner Stores würde ich also die Frage mit „Ja" beantworten. Aber, und das ist eben auch wie mit Kindern, man will ja nicht alles loslassen, und sie sollen auch nicht zu schnell groß werden, da es ja das Schönste auf der Welt ist, sich um sie zu kümmern. Ich liebe meinen Beruf, er erfüllt mich total, daher möchte ich nichts verändern.

> **66 Social Media Marketing ist umsonst und mächtig. Wer das nicht nutzt, ist selber Schuld. 99**

WIE WEIT IM VORAUS PLANST DU EIGENTLICH DEN EINKAUF, SCHAUFENSTER-STYLING, MARKETING-AKTIONEN ETC.?

Aktionen, wie Events, brauchen schon ein paar Monate Planungszeit, weil es immer sehr aufwendig ist. Der Einkauf läuft in Etappen, also im Sommer kaufe ich Winter und im Winter kaufe ich Sommer. Die Einkaufsphase ist sehr zeitintensiv, sie ist ein großer Bestandteil des Erfolgs der Läden. Schaufenster und Merchandising plane ich meist eine Woche im voraus, außer an Weihnachten, da haben wir vier Wochen Vorlauf, weil das unser aufwendigstes Fenster im Jahr ist.

WIE VIELE MITARBEITER HABT IHR MITTLERWEILE?

Mittlerweile haben wir ca. 25-30 Mitarbeiter. Wir haben zu zweit angefangen und sind dann stetig gewachsen. Das ist ein schönes Gefühl, wir haben ein tolles Team aus vielen verschiedenen Charakteren, alle verstehen sich gut, das kann man ja vorher nicht planen, umso schöner, dass es so gekommen ist.

IHR SEID IN SACHEN MARKETING (FACEBOOK, INSTAGRAM & CO.) ZIEMLICH AKTIV UND SEHR ERFOLGREICH, WER MACHT DAS? AGENTUR ODER IHR SELBST? UND WIE WICHTIG IST VOR ALLEM DAS SOCIAL MEDIA MARKETING FÜR EUCH?

Wir machen alles selbst. Heutzutage ist Social Media Marketing ein fester Bestandteil erfolgreicher Unternehmen, es ist umsonst und

> **Ich bin kein Fan von Business-Plänen, das ist doch alles Show.**

es ist mächtig. Wer das nicht für seine Zielgruppe nutzt, ist selber Schuld. Außerdem macht es ja auch irre viel Spaß, denn du bekommst direktes Feedback von Deinen Kunden. Ich kann ja bei vier Stores nicht mehr überall gleichzeitig sein. Durch Instagram kann ich aber mit allen Fans direkt kommunizieren und sie teilhaben lassen an unserer Welt.

VIER LÄDEN UND ALLE ORGANISATION, DIE DAZU GEHÖRT – WIE SCHAFFST DU DAS ALLES? ALLES STRENG DURCHORGANISIERT? BLEIBT DA ÜBERHAUPT NOCH ZEIT FÜR KREATIVITÄT?

Es ist talsächlich ein großer Organisations-Apparat. Glücklicherweise mache ich das ja nicht alleine, sondern habe ein großes Team und vor allem Leonard, meinen Mann und Geschäftspartner, der seinen Part abdeckt. Dadurch bleibt auf jeden Fall noch genug Zeit für Kreativität und auch für Privates.

UM EINEN EIGENEN MO-DE-LADEN AUFZUMACHEN, WAS MUSS MAN DA MITBRINGEN? IST DAS SCHWIERIG?

Es ist auf jeden Fall mit ein paar Risiken verbunden, über die man sich vorher Gedanken machen sollte. 1. Braucht man Startkapital 2.Wille & Disziplin 3.Know How & Biss. Man sollte eine klare Vision haben, sich nicht blenden lassen von Äußerlichkeiten, wie jeder Beruf hat auch dieser ein paar Nebeneffekte, die nicht so glamourös sind, wie das, was man auf Instagram und Co. sieht. Und Steuern / Finanzamt / Buchhaltung sind nur ein paar Schlagwörter an dieser Stelle.

EINEN LADEN AUFZUMACHEN IST DAS EINE, ABER IHN AUCH ZUM ERFOLG ZU BRINGEN, DIE KUNDEN ZU BEGEISTERN, IST DAS ANDERE. EURE LÄDEN HABEN EINE RIESIGE FAN-BASE – WAS IST EUER GEHEIMREZEPT? VERRÄTST DU´S MIR?

Unser Geheimrezept ist kein Geheimnis: Wir lieben und leben unseren Job mit allem, was dazu gehört. Es ist einfach mehr als ein Laden oder vier Läden, es ist ein Lebensgefühl verbunden mit dem nötigen Know How und einer großen Portion Nachtschichten.

WIE SAH DENN DEIN LEBEN AUS, BEVOR DU DICH MIT DEINEN EIGENEN LÄDEN SELBSTÄNDIG GEMACHT HAST? STUDIUM, JOB?

Ich habe International Fashion Management am Fashion Institute in Amsterdam (Amfi) studiert. Durch meinen Job als Model habe ich immer schon nebenbei viel gearbeitet und gute Kontakte in der Texilbranche geknüpft. So kam es, dass ich noch vor Beendigung des Studiums ein tolles Jobangebot bekam und auch annahm. Damals war ich 21 Jahre alt und hatte die Chance, den PR Bereich für drei bekannte Labels zu

> **Das, was es bei uns gibt, bekommst du in keinem Online-Shop der Welt.**

übernehmen. Ich blieb drei Jahre, lernte alles, was für den Vertrieb von Textilien relevant ist, kennen und studierte noch nebenbei während meines Jobs Marketing/Kommunikation. Nach meinem Abschluss wurde ich direkt zu LEVI'S Germany geheadhuntet. Nach zwei Jahren bei Levi's und über fünf Jahren Berufserfahrung fühlte ich mich bereit, den Schritt in die Selbstständigkeit zu machen.

WENN DU EINE IDEE FÜR EINEN NEUEN LADEN HAST, WIE KANN ICH MIR DANN DEN PROZESS VORSTELLEN? SIND KONZEPT, BUSINESS PLAN NÖTIG?

Ich bin ja kein Fan von Business-Plänen , das ist doch alles Show. Was man braucht für einen solchen Schritt ist Hirn und Herz. Für mich fängt alles immer mit dem Ladenlokal an. Ich muss alleine in das Geschäft, um die Atmosphäre zu spüren, dann fügt sich meist alles wie ein Puzzle zusammen. Wenn mein Konzept steht, sucht Leonard die passenden Leute, die meine Ideen realisieren können, wir haben da eine prima Aufgabentrennung.

WAS SAGST DU LEUTEN, DIE SAGEN, ICH WILL AUCH MAL EINEN LADEN AUFMACHEN ODER „IRGENDWAS MIT MODE MACHEN"?

Ich versuche den Mädels klar zu machen, dass man ganz viel Arbeit in seinen Traum stecken muss. Damit will ich niemanden desillusionieren, aber man muss sich nun mal bewusst machen, dass keiner einem was schenkt und der Erfolg nicht von Komfort-Zonen kommt. Ich sage aber auch, dass es der tollste Job der Welt ist, wenn man Workaholic ist und das Händchen dafür hat.

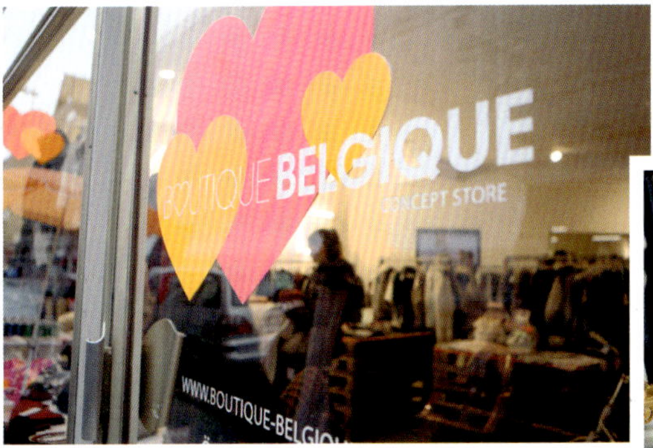
BOUTIQUE BELGIQUE
CONCEPT STORE

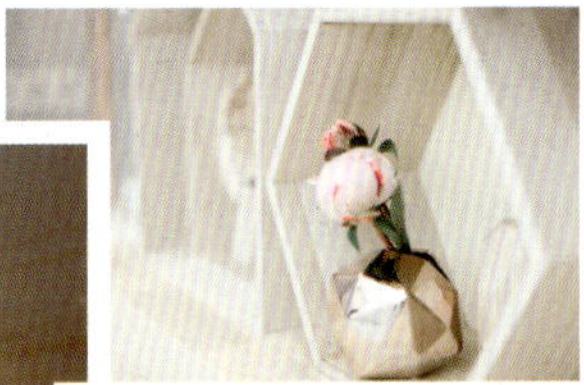

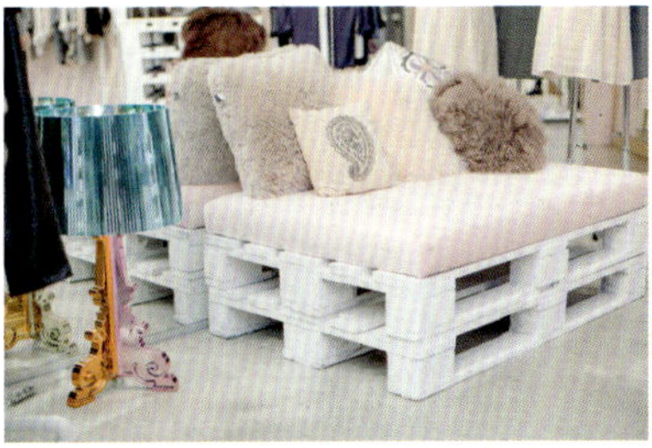

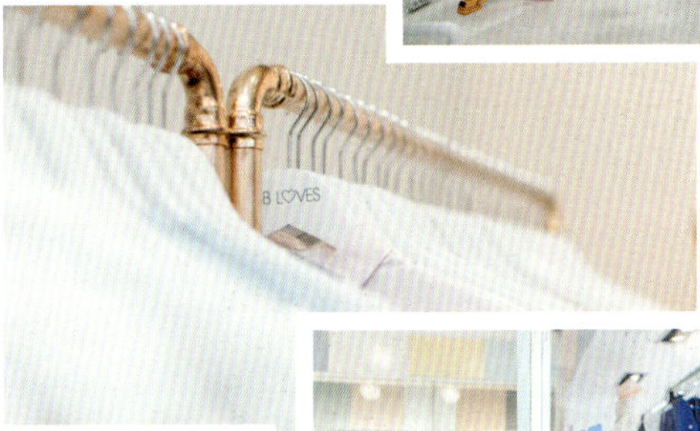
B LOVES

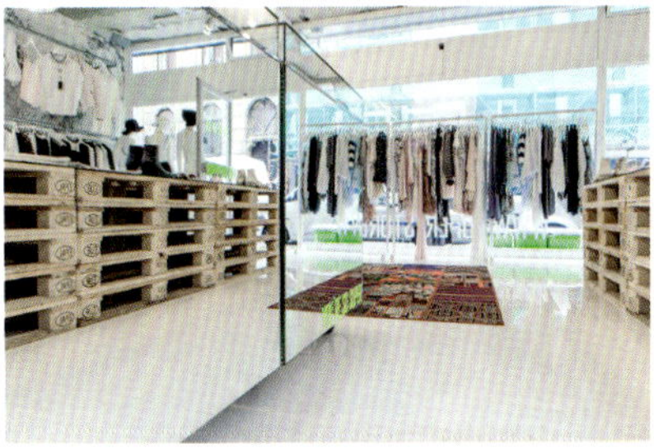

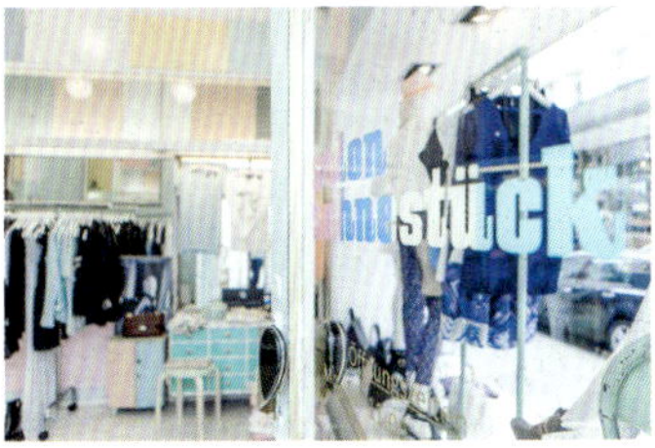

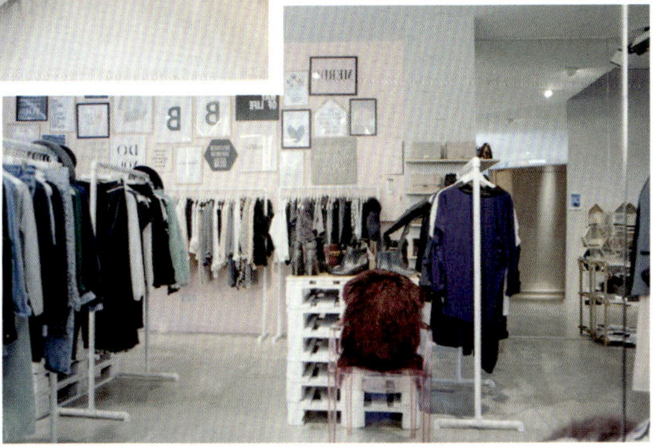

WIE ERKLARST DU DIR DEINEN/EUREN ERFOLG?

Es ist nicht so, dass wir eines Tages aufgewacht sind, und erfolgreich waren. Alles, was wir in den letzten vier Jahren erreicht haben, ist wie ein schleichender Prozess gekommen. Ich weiß noch genau, als ich das zum Ersten mal realisiert habe, das war 2011, ab da ist alles super schnell gegangen. Der Durchbruch war auf jeden Fall, als die Presse angefangen hat, auf uns aufmerksam zu werden. Ab da gab es kein Magazin, was nicht über uns berichtet hat, das hat uns überregionale Bekanntheit verschafft.

HATTEST DU AUCH „SCHISS", DASS ES NICHT KLAPPEN WÜRDE?

Viele Leute haben uns abgeraten von der Lage, „keine Laufkundschaft" war nur eine von vielen Floskeln, wenn auch gut gemeint. Ich habe nie daran gezweifelt, dass das klappt. Keine Sekunde! Man darf auch nicht vergessen, dass wir beide schon im Fashion Business waren, bevor wir unsere Stores gegründet haben, und genau wussten, was wir da tun. Es war immer eine klare Strategie!

DU BIST ERFOLGREICH IN KÖLN – KÖNNTEST DU DIR VORSTELLEN, AUCH FASHION- METROPOLEN WIE BERLIN ODER LONDON UND PARIS MIT EIGENEN KONZEPTEN ZU EROBERN?

Ja, wir wollen expandieren! Aber in Deutschland. So schön es sich anhören würde, nach Paris oder New York zu gehen, fürs Erste bleiben wir hier. Wer weiß, was später mal ist, wenn die Kinder groß sind (also die echten jetzt), wenn eins der Kinder mal ins Ausland geht, sind wir bestimmt die Ersten, die das zum Anlass nehmen, dort weiterzumachen ;-) . Nein im Ernst, das ist ein großer Schritt, der mit viel Planung verbunden ist. Wir entwickeln neue Strukturen und Pläne für diesen Schritt, haben aber noch keine Deadline.

DU WIRST IMMER WIEDER GEFRAGT, WARUM IHR KEINEN ONLINE-SHOP HABT. JETZT KLÄRE UNS MAL AUF – DENN JEDER DENKT DOCH, DASS DIESES GESCHÄFT BLÜHEN WÜRDE.

Das werden wir ja wirklich mehrfach täglich gefragt, und ich mache wirklich KEIN Geheimnis daraus, dass ich kein Fan von Online-Shops bin. Meine Philosophie, das Gefühl und der Lifestyle, der hinter meinen Stores steckt, lässt sich einfach nicht „in einen Warenkorb" hinzufügen. Es geht bei uns um viel mehr, als nur um ein Kleidungsstück oder den Erwerb von Geschenken. Shoppen macht glücklich, soll Spaß machen, man soll mit Freundinnen Zeit verbringen, anprobieren, ausprobieren, sich beraten lassen, neues wagen, sich inspirieren lassen vom Merchandising, der Stimmung, der Mitarbeiterinnen, und und und. Mir geht es um das Persönliche - das

> 66 **Kölner Fashionlover: Bleibt wie ihr seid, ihr repräsentiert unsere wunderschöne Stadt durch eure wunderschöne Einzigartigkeit. You've got Style!** 99

Individuelle Gefühl, dazu zu gehören zu unserer BB Community. Glücklicherweise haben wir unsere geliebten Kunden und Fans gut erzogen. Mittlerweile kommen sie in kleinen Bussen aus ganz Deutschland und freuen sich diebisch auf das Shoppen als „Happening" mit Prosecco, schönen Tüten, Selfies und allem, was dazu gehört - das bekommst du in keinem Online Shop der Welt.

LENA UND DER KÖLNER STYLE

HAT KÖLN STYLE?

Yes, Cologne's got Style, spätestens nachdem ihr all die kreativen, tollen Menschen aus diesem Buch kennengelernt habt, die nur stellvertretend für eine Szene-Stadt, wie Köln sie ist, stehen, steht fest: Wir haben Style, und können dies mit Stolz sagen. Daher haben wir auch den Titel für unser Buch so gewählt, denn Köln muss sich nicht verstecken oder modemäßig hinterfragen – wer sich selber überzeugen will vom Cologne Style, der möge sich doch mal Samstags auf die BB-Bank vorm Laden setzen und die Augen aufmachen.

WIE SIEHT DER KÖLNER STYLE AUS? KANN MAN DEN BESCHREIBEN?

Individuell und unangestrengt – vor allem aber ungezwungen und ohne Schubladen. Jeder ganz eigen und auf seine Art wunderbar. Ich kann das wirklich ganz extrem in meinen Läden beobachten, die ja auch verschiedenste Zielgruppen ansprechen – wir haben in Köln nicht DEN einen Style, und das ist auch verdammt gut so, denn Leute, mal im Ernst, wer will denn schon uniformiert und auf ein Klischee reduziert sein?! In diesem Sinne, Kölner Fashionlover: Bleibt wie ihr seid, ihr repräsentiert unsere wunderschöne Stadt durch eure wunderschöne Einzigartigkeit. You've got Style!

„You've got Style"

BB LOVES YOU
AND WE LOVE
BB

Die Kölner Fashionistas lieben die Boutique Belgique. Der Erfolg des Ladens spricht für sich. Besonders an Events wie Shop-Geburtstag, Flohmarkt oder Le Bloc kann man erahnen, wie verrückt die Fans nach BB sind: So viele Kunden und Fans stürmen die Boutique Belgique, dass sie jedes mal fast aus allen Nähten platzt. Die Presse feiert BB als DEN Concept Store Deutschlands, es gibt wohl kein namhaftes Magazin, welches noch nicht über BB berichtet hat.

Aber was genau ist es, dass den Laden mit den drei unverkennbar neon-leuchtenden pink-orangenen Herzen bei den Fans so beliebt macht? Wir haben uns bei den Fans umgehört.
(Alle Zitate stammen von der BB-Facebook-Fanseite (www.facebook.com/BoutiqueBelgique)

„Wenn ich die Boutique betrete, bin ich immer im **Fashion-Rausch!**"

„Einer der besten Läden Kölns. Weiter so."

„Die tolle Mischung aus schlichten Sachen und super Ausgefallenem. **Man findet einfach immer was.** Und dazu kommt die super nette Unterstützung, wenn man sich mal nicht ganz so sicher ist."

„Wenn ich den Laden betrete, fühle ich mich wie **Alice im Wunderland**, die von einem Kleiderständer zum anderen tanzt, weil sie auf einmal komplett den Alltag vergisst."

„Jedes Kleidungsstück und Accessoire in eurem Store hat immer **das gewisse Etwas**, welches es zu etwas Besonderem macht! Und es **ist für jeden Geldbeutel** was dabei."

„Wenn einer den Begriff Marketing verstanden hat, dann ihr! Bei Instagram und Facebook wird man fast jeden Tag daran erinnert, das es neben dem Internet auch noch richtige Shops gibt, die es Wert sind, dass man sie besucht! **Die Liebe zum Detail** gefällt mir wirklich. BB ist mein **Lieblingsladen** im Belgischen! Wenn ich die zwei Neon-Herzen sehe, schlägt meins gleich schneller und ich beeile mich, um endlich einen Blick aufs Schaufenster zu erhaschen ! Keep going! Love you."

„Weil jeder nachfragt, wo man so ein **tolles und einzigartiges Teil** gefunden hat, wenn man was bei euch gekauft hat."

„Ich könnte 1000000 Millionen Gründe aufzählen, warum BB mein Lieblingsstore ist. Ich liebe die **Atmosphäre**, die der Shop versprüht. Man ist beim Betreten jedes mal aufgeregt wie ein **kleines Kind im Süßigkeiten-Laden** und möchte am liebsten alles, aber wirklich alles, haben."

„Das man euch auf ganz vielfältige Weise entdecken kann: Zuerst eure Lage, dann **das tolle Schaufenster**, die Einrichtung und ganz zum Schluss die tollen Klamotten."

„Positive Vibes, Hammer Klamotten und **die coolsten Tüten in Town!**"

„Ich liebe einfach den store, so cool gemacht! Ich würde einfach immer gerne den ganzen Store kaufen, weil alles super toll aussieht und wenn das Geld doch nur für 1-2 Teile reicht, macht das auch nichts, man ist trotzdem „trendy" und individuell zugleich eingekleidet, weil es bei euch **die schönsten Einzelstücke** gibt!"

„BB ist mein Kleiderschrank. Ich brauche nichts anderes mehr, und egal was man von euch anhat, man sieht IMMER richtig gut aus! Das kann doch sonst kein anderer Laden."

„In eurem Laden fühlt sich jede Frau ein bisschen wie Carrie."

„When it´s in Fashion it´s in Boutique Belgique".
Mehr gibt´s dazu einfach nicht zu sagen. I G aus Monreal nach Köln (die 100 km zu Euch, lohnen sich immer)."

„Als Belgierin fühle ich mich nicht nur in eurer Kleidung, sondern auch in eurem Laden immer ein kleines bisschen wie zuhause. Es gibt kein besseres Shoppinggefühl als den Rückweg mit einem Auto **voller BB-Tüten** anzutreten."

„Man findet einfach immer etwas bei euch! Kein Belgisches Viertel ohne Boutique Belgique."

„**HERZBLUT!**
In jeder Ecke des Ladens und in jedem Schmuckstück, das ihr verkauft, steckt Herzblut! Das ist einmalig und zum Glück nicht käuflich, sondern einfach nur BB."

„Sehr inspirierendes, gut gekleidetes Personal, welches sich wirklich individuell, genau wie der Laden selbst, von den ganzen „Ketten" abhebt. Man macht sich gern immer wieder auf den Weg und **kommt wieder.**"

„Es ist wie eine große **Familie**. Ihr gebt euch immer sehr viel Mühe, egal ob bei der Beratung oder bei dem (immer perfekten) Schaufenster. Es ist einfach **Liebe**."

„Weil ihr Köln stylisher aussehen lasst - danke dafür."

„Trotz Kinderwagen im Schlepptau immer eine nette und ausführliche Beratung sowie ein liebevoller Blick auf den Zwerg. Danke! Komme immer gerne."

„Einfach der **beste Laden in ganz Köln!** Ihr seid immer einen Schritt voraus, was neue Modetrends angeht! Whoever said money doesn't buy happiness didn't know where to shop - I know where to shop to buy happiness!"

„Warum ich Boutique Belgique liebe? Weil ich meine Lieblingsjeans, mein Lieblingskleid, meinen Lieblingsschal, mein Lieblingskissen, meine Lieblingsmütze, meinen Lieblingsarmreif UND meine absolute Lieblingstasche bei Euch gekauft habe."

„Ich liebe BB, weil es einfach die perfekte Mischung aus ausgeflippten Dingen und süßen Kleidchen. Man kann nicht nur Klamotten und Accessoires shoppen, sondern auch Dinge wie supersüße Schlafmasken zum Beispiel. Es ist einfach **für jeden was** dabei! Und die tolle Sache ist, auch wenn viele Sachen wie Designer-Teile aussehen, sind sie bezahlbar. BB hat einfach viele, individuelle, außergewöhnliche Sachen, mit denen man auch einmal was wagen bzw. ein Statement setzen kann. Das liebe ich an BB."

„Weil ihr den Stil nach Köln gebracht habt! Dank euch fühle ich mich wie bei **„Sex and the City!"** Tolle Taschen, tolle Kleidung und wunderschöne, bezahlbare Accessoires."

„Weil ich hier in München lebe und mir durch deinen Blog und Facebook ein Stück

Kölner Style

bewahren kann, den ich dann in München verbreite. Und sobald ich dann in Köln bei meinem Freund bin, schlage ich zu. Oder ich schicke ihn schon vorher hin, weil ich mir das Teil sichern muss."

„Ihr bringt einen ganz neuen Stil zu uns nach Köln. Es hat was von dem Stil in London, Paris und New York. Ihr seid immer aktuell und habt die neuesten Sachen. Außerdem bietet ihr etwas an, das ich **noch nie in Köln gesehen** habe."

„Weil ihr es einem **Mann** immer so einfach macht, seine Freundin mit einer Kleinigkeit glücklich zu machen."

IMPRESSUM

Copyright: © 2014 Lena Terlutter, Henriette Frädrich
Verlag: Edition BB
ISBN: 978-3-7375-0594-9

Autorinnen
Lena Terlutter
Henriette Frädrich

Buchgestaltung & Coverfoto
Bina Terré, www.binaterre.com

Druck & Bindung
Printemotions GbR

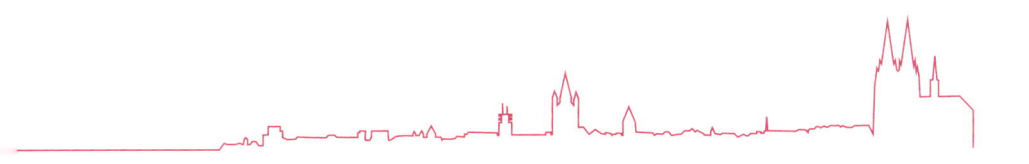

Bildnachweise

Bina Terré Cover, Autorinnen (KölnTriangle), Boutique Belgique, BBLoves, Super Store, Salon Sahnestück, Lenas Fashion Buisness Insights, BB Loves you and we love BB

Apropos Store Apropos

Journelles.de Jessica Weiss

Alexander Hörbe Anette Frier

Marlene Mondorf Caroline Frier

Jochen Schneider Lisa Fiege

Christoph Striepecke Mehrnaz Gorges

Klaus Dyba Chang13

Samira Minougou | Aleksander Kupicha Charlotte Kahlert

Amanda Berens Lenas Styling Tipps, Leonard Dobroshi, Pst! Lenas Geheimtipps!

Privat Nanda Weskott

Jo Kirchherr (Aufnahmen Liev) Olivia Zirkel

MDMG Arts | Stefano Fonte Kyra Kuklies

Markus Müller Leonie Stockmann

Isabelle Wernke Nazhat Wahab

Jasonitos | Marie Bärsch | Moritz Paul | SHACE! | Katja Hoppe Sebastian Schmidt

Leon Reindl Isabelle Niehsen

Mirko Büser | Lena Terlutter Teresa Dahl

Anna Behrla | Tanja Wesel, Tausendschön Fotografie Anna Behrla

Privat Farina Opoku

Lena Terlutter Instagram